Guy MARCHESSAULT

*À Jean-Marie
et Élise*

UNE VICTOIRE
ÉPHÉMÈRE

Premier tome

*Avec mes remerciements
très sentis pour tes
contacts qui ont débouché
sur l'imprévu.
Grand merci.*

*Guy
Marchessault*

GUÉRIN

Guy Marchessault

À LA CONQUÊTE DE L'AMÉRIQUE...

Saga historique

en quatre tomes

Une victoire éphémère

premier tome

GUÉRIN

littérature

Œuvre romanesque

© **Guérin, éditeur ltée, 2011**

4501, rue Drolet
Montréal (Québec) H2T 2G2
Téléphone: 514-842-3481
Télécopie: 514-842-4923
Courriel: francel@guerin-editeur.qc.ca
Internet: http://www.guerin-editeur.qc.ca

Dépôt légal
ISBN 978-2-7601-7236-4
Bibliothèque et Archives nationales du Québec, 2011
Bibliothèque et Archives Canada, 2011
IMPRIMÉ AU CANADA

Nous reconnaissons l'aide financière du gouvernement du Canada par
l'entremise du Fonds du livre du Canada (FLC) pour nos activités d'édition.

Canadä

Révision linguistique Hélène Paraire, Nathalie Elliott
Maquette de la couverture Guérin, éditeur ltée
Illustration de la couverture Guérin, éditeur ltée
Relecture du manuscrit Jacqueline Le May
Photographie de la couverture Idée originale: Jean-Paul Le May
Les deux objets photographiés sont authentiques: une épée forgée à la main *
par les ancêtres Marchesseau, de même qu'un vrai drapeau anglais, déchiré,
possiblement arraché aux Anglais lors d'une bataille.
Conception Guy Marchessault
Photographie et montage Geneviève Le May, Éric Lessard
Photographie de l'auteur (couverture 4) Geneviève Le May
Lieu de la photographie Ferme Jean-Marc Lessard, Gatineau

Distribution
ADG
(Agence de distribution Guérin)
4501, rue Drolet
Montréal (Québec) H2T 2G2
Téléphone: 514-842-3481
Télécopie: 514-842-4923

Distributeurs en Europe
France
LIBRAIRIE DU QUÉBEC
30, rue Gay-Lussac
75005 Paris (France)
Téléphone: 4354 4902   Télécopie: 4354 3915
Courriel: direction@librairieduquebec.fr

Suisse
SERVIDIS S.A.
Place de l'Europe 9
(Quartier du Flon)
CH-1003 Lausanne (Suisse)
Téléphone: 021 803 26 26   Télécopie: 021 803 26 29
Courriel: espacepedago@servidis.ch

Belgique
PATRIMOINE sprl
Rue du Noyer 168
1030 Bruxelles (Belgique)
Téléphone et télécopie: 02-736-68-47
Courriel: patrimoine@chello.be

REMERCIEMENTS

*Avec mes plus vifs remerciements à ma femme,
Jacqueline Le May,
ainsi qu'à mes filles Geneviève et Dominique
(et leurs copains)
pour leur intérêt et leur soutien.*

*Merci aussi à Denis Marchessault et Antonia Gendron
pour leurs bons conseils.*

*Merci à Jean Mohsen Fahmy,
ainsi qu'à Stéphane-Albert Boulais,
pour leur appui littéraire judicieux.*

TABLE DES MATIÈRES

TABLE DES MATIÈRES
(Suite)

PRINCIPAUX PERSONNAGES DU ROMAN

Vilbon, patriarche de la maison ancestrale Marchesseau

Marguerite, son épouse

Cléophas, le plus vieux fils de Vilbon et Marguerite

Marie-Anne, son épouse

Augustin, frère de Vilbon, patriote engagé

Madeleine, son épouse

Christophe Jr, demi-frère de Vilbon

Julie, son épouse

Léopold,
Antoine-Georges,
Côme,
Damien } Les quatre plus vieux garçons de Christophe et Julie

Antoine-Isaac, jeune médecin, fils d'Isaac, frère de Vilbon

2 avril 1838 :
LE DÉSARROI

Au beau milieu d'un après-midi gris, ce lundi de 1838, un boghei noir arriva tout à coup chez Augustin Marchesseau en provenance du village de Saint-Antoine. Le véhicule était occupé par trois hommes, tout habillés de noir. Quelques instants plus tard, un autre boghei se présenta à toute allure en provenance de la route boueuse qui venait de Saint-Roch. Ça y était ; ils étaient là, les agents des Anglais, prêts à arrêter des Marchesseau. Personne ne les avait vus venir, cette fois.

Ce fut la débandade. Pendant que tout un chacun tâchait de s'épivarder un peu partout derrière les bâtiments ou dans la nature, Augustin se retrouva coincé, en même temps que Damien, dans le hangar à côté duquel ils cordaient des rondins. Damien, souple et agile grâce à ses vingt ans (qu'on avait justement fêtés la veille), s'éclipsa promptement vers l'arrière du hangar où il força une vieille fenêtre et, encore mince de taille, il parvint à se glisser par le carreau ouvert, non sans déchirer un peu sa chemise.

Augustin, lui, plus grassouillet, n'eut pas cette chance. Il se terra dans un coin du hangar le plus noir possible. Les agents anglais savaient qui ils recherchaient : lui et personne d'autre. Accompagnés de leurs chiens, ils encerclèrent le hangar, y pénétrant deux par deux, bloquant tous les orifices, se précipitant vers les vieilles fenêtres pleines de fils d'araignées et retenues par les clous rouillés.

Ils n'eurent point de peine à rejoindre leur proie, Augustin, qui à cinquante-neuf ans ne pouvait manifester autant de souplesse que ses poursuivants. Il eut beau les toiser d'un regard méprisant, cela ne les arrêta guère. Ils lui passèrent rapidement les menottes et le firent sortir dehors, dans le printemps maussade, sous l'œil horrifié de sa femme Madeleine et de son fils de quinze ans, Pierre-Georges, qui le regardaient à partir de la galerie de leur maison, de l'autre côté de la rue. Son dernier regard fut pour eux deux. Puis, il fut rudement poussé dans l'un des véhicules.

Les portières des voitures se refermèrent sec. Le fouet claqua sur le dos des deux chevaux, qui entraînèrent leurs cabriolets à toute vitesse sur le chemin cahoteux. La famille vit s'éloigner les deux véhicules vers le village de Saint-Antoine, en route sans doute vers le chemin de la Pomme d'Or et ensuite vers Montréal.

Une fois la stupeur passée, on chercha Damien partout, sans le voir. Avait-il fui loin dans les champs ? S'était-il terré quelque part dans la grange ?

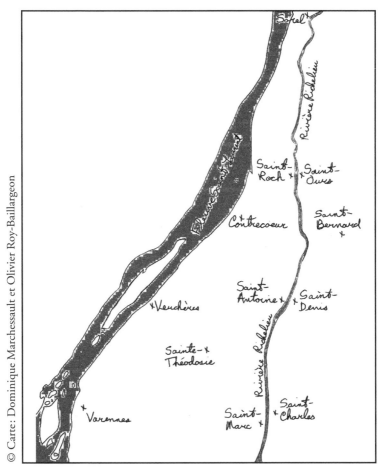

© Carte : Dominique Marchessault et Olivier Roy-Baillargeon

CARTE DE LA VALLÉE DU BAS-RICHELIEU

Paroisses de Sorel, Saint-Ours, Saint-Bernard, Saint-Roch, Saint-Antoine, Saint-Denis, Saint-Charles, Saint-Marc, Sainte-Théodosie, Contrecœur, Verchères, Varennes.

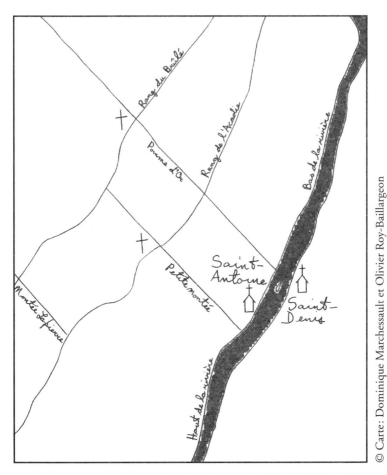

CARTE DE LA PAROISSE DE SAINT-ANTOINE

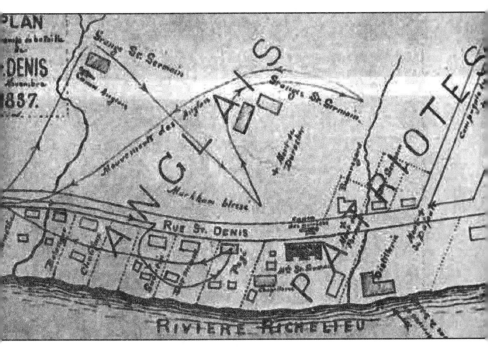

CARTE DE LA BATAILLE DE SAINT-DENIS

Source : ALLAIRE, J.-B.-A., *Histoire de la paroisse de Saint-Denis-sur-Richelieu*, 1905, Collection de livres SHPS.

22 novembre 1837:
NEUF HEURES DU SOIR

Le cheval arriva à toute allure, la bave à la bouche, écumant de partout. Vivement, un jeune adolescent dans la quinzaine sauta de la selle et se dirigea au pas de course vers la maison en briques rouges. Il frappa à la porte furieusement. La noirceur étouffait tout. Un temps gris, morne accompagnait son arrivée. Peut-être les habitants dormaient-ils déjà profondément... Il redoubla ses coups.

La porte s'entrouvrit enfin. Le jeune s'engouffra immédiatement à l'intérieur.

«Je suis Fabien, le fils de Paul Salvas, de Sorel. Mon père m'envoie vous dire d'urgence que les Anglais se préparent à partir de Sorel ce soir dans une heure, vers dix heures, pour attaquer les patriotes de ce côté-ci de la rivière Richelieu demain matin. Ils seront au moins trois cents miliciens, d'après ce qu'on a appris, et ils transporteront au moins deux canons avec eux. Ils devraient être à Saint-Ours au milieu de la nuit. Moi, je retourne tout de suite à la maison avant de me faire couper le chemin par l'armée!»

Ce fut le remue-ménage tout de go. L'homme de la maison envoya immédiatement son fils de douze ans avertir les voisins, leur demander d'en faire autant avec leurs propres voisins. Consigne : rassemblement ici dans l'heure qui suivrait.

Les hommes arrivèrent tout à la fois engourdis et fébriles. Les uns portaient de vieux mousquets qu'ils n'avaient pas astiqués depuis des années ; les autres des épées quelque peu ébréchées ou rouillées, et même l'un ou l'autre seulement des fourches ou des brocs, faute de mieux.

Cette nuit se présentait comme totalement moche, une vraie fin d'automne glaciale, qui vous pénétrait jusqu'aux os. Déjà une forte pluie avait arrosé le paysage, c'était presque de la neige, alors que l'horizon de l'ouest semblait chargé d'encre noire, fourni en gros nuages foncés. Il faisait un froid humide à faire frissonner tous les vivants, humains et bêtes.

À dix heures, une quinzaine d'hommes « armés » étaient déjà sur place, à l'intérieur de cette maison bien solide qui servait depuis quelque temps de bureau d'enregistrement. Quelques autres les rejoindraient bientôt. Ils avaient tous laissé femmes et enfants en pleurs derrière eux, s'arrachant à l'invitation de la nuit et aux bras nerveux qui se tendaient.

Le maître du logis, Antoine Harpin dit le Poitevin, s'empara de la parole. Que faire pour arrêter les Anglais ? La discussion ne devra pas s'éterniser, prit-il la précaution de dire ; ils avaient peu de temps devant eux : l'armée serait ici vers minuit. Un vieux sage énonça une évidence : ce n'est pas à un groupe de quinze hommes mal organisés et mal outillés d'entraver à eux seuls la marche d'une armée bien équipée de trois cents soldats. Alors ?

« Nous avons ici, dans une cache secrète, quelques armes, qui seront sûrement plus utiles que vos fourches », dit l'habitant de la maison.

Ils coururent les chercher dans la cave, dissimulées qu'elles étaient dans une échancrure du solage, derrière une porte et une énorme armoire. On fit le décompte : quatre mousquets, deux fusils de chasse, quelques boîtes de balles. C'était mieux que rien ; mais, évidemment, ça ne résisterait pas longtemps face à une armée bien entraînée, d'autant que les munitions demeuraient plutôt minces.

C'est alors que se présenta un habitant des limites sud de Saint-Ours, pas très loin de la grande décharge séparant les paroisses de Saint-Ours et Saint-Denis, à l'opposé de Sorel. Après qu'on l'eut mis au courant des affaires, il suggéra une action rapide et plus efficace.

« Puisque le gros des forces patriotes sera à Saint-Denis, dit-il, rendons-nous au plus vite au pont en bois qui traverse le Grand Ruisseau entre les deux municipalités et scions-en les madriers porteurs.

Comme ça, les Anglais ne pourront pas aller bien loin avec leurs canons.»

La suggestion fut acceptée avec enthousiasme. Déjà on se sentait plus utile comme ça.

Sitôt dit, sitôt fait ; on partit vers le sud en traversant le village. Puis, on marcha rapidement pour rejoindre le Grand Ruisseau en longeant la rivière, les armes à la main. Chemin faisant, on avertit les femmes et les enfants au long de la route de ne pas rester à la maison : soit de s'enfuir au plus tôt par les champs vers la concession du rang arrière, soit de traverser en chaloupe vers Saint-Roch, pour ne pas être malmené par les maudits Anglais.

L'énervement était à son comble. Les femmes se retrouvaient tout à coup prises à regrouper leur marmaille endormie, à l'habiller chaudement contre la pluie froide pour s'enfuir à travers des champs très boueux ou dans des embarcations fragiles sur une rivière au courant très fort à cette époque de l'année. Rien de tout repos, à onze heures de la nuit, en fin de novembre, avec les tout jeunes enfants, et surtout pour de très nombreuses femmes enceintes.

Un des habitants qui avait plusieurs chevaux pensa dépêcher le message de l'arrivée des Anglais dans les paroisses les plus proches, où l'on comptait de nombreux partisans. C'est ainsi qu'il envoya plusieurs de ses fils en ambassade, dont un à Saint-Denis, l'avertissant de passer le message à des personnes qui iraient à leur tour, en chaloupe, avertir les Canadiens de l'autre côté de la rivière, à Saint-Antoine et dans les environs.

En route, on arrêta prendre des scies et des égoïnes où il y en avait. On parvint au fameux pont de la décharge vers les onze heures. L'eau était très haute, à cause des nombreuses pluies récentes. Déjà, à cette même heure, les Anglais devaient approcher de l'entrée nord du village de Saint-Ours ; il n'y avait pas de temps à perdre. Les plus forts se reléguèrent alors pour affaiblir les poutres, mais en les sciant par en dessous, plus profondément d'ailleurs sur le côté touchant la rive de Saint-Denis, en laissant un ou deux pouces de bois non scié, de façon à donner l'impression que tout était normal. On amena même de la boue pour masquer les nouvelles traces de scie, afin de faire disparaître toute méfiance chez l'ennemi.

Puis, un certain nombre de patriotes de Saint-Ours — les mieux armés — traversèrent le pont du Grand Ruisseau en douceur pour se rendre à Saint-Denis prêter main-forte aux futurs assiégés, tandis que quelques autres s'éloignaient vite vers les boisés, d'où ils observeraient ce qui allait se produire, quitte à donner des coups de mousquet si cela s'avérait absolument nécessaire pour se défendre.

Le ciel était de plus en plus bas. L'attente dans le froid parut bien longue, d'autant que la pluie tombait par à-coups. Le vent s'était levé et soufflait un petit air pas trop violent, mais envahissant. Il commença ensuite à pleuvoir franchement, avec insistance.

23 novembre 1837 :
MINUIT

Tout à coup, un éclaireur cria : « Voilà les vestes rouges ! »

On voyait des ombres avancer péniblement sur la route, dans la pénombre, des lanternes à la main. C'étaient bien eux, les Anglais ; on les reconnaissait à cause du rouge foncé de leurs capotes qui perçait faiblement même dans le noir, sous l'effet de leurs lampes-tempête. Ils avançaient en rangs, assez bien disciplinés, plus ou moins indifférents à la pluie qui giclait ferme. Ils étaient habitués...

Arrivés au pont du Grand Ruisseau, ils hésitèrent et se consultèrent. Était-il assez solide pour faire traverser l'armée, et surtout les deux canons ? Le commandant demanda conseil à ses assistants. Ils auscultèrent l'épaisseur du bois, surtout au milieu du pont. Puis, ils firent passer une partie de la troupe, peut-être deux centaines de soldats ; l'armature résista bien.

Ils hasardèrent alors un premier canon, tiré par leurs deux chevaux et poussés par quelques soldats. Il fallait monter lentement sur le rebord, pour ne pas déstabiliser les premiers madriers de travers. Les soldats se forcèrent à soulever légèrement les roues. Les chevaux furent alors incités à tirer ; ils troupe armée déjà en route vers Saint-Denis, où les soldats s'attendaient à rencontrer un début de résistance de la part des patriotes. Plus on retardait, plus les Canadiens avaient le temps de s'organiser. D'autant qu'il pleuvait encore à plein ciel, ce qui rendait la marche tout à fait hésitante.

23 novembre 1837 :
LA NUIT ET L'AUBE

Pendant ce temps, comme de fait, Saint-Denis se retrouvait à coup sûr en effervescence. En plus de recevoir des nouvelles de Saint-Ours, on avait fait prisonnier un soldat anglais envoyé en éclaireur, qui dut avouer que la troupe s'en venait et serait là au petit matin.

À partir de ce moment, le bedeau, un fervent patriote, se retrouva sous le clocher de l'église, où il fit tinter les cloches à pleine force. Et il ne démordit pas de tirer sur les grands câbles toute la nuit, se faisant aider à l'occasion pour se reposer un peu. L'appel des cloches devint aussitôt comme un symbole de ralliement pour les insurgés et incita tout le monde, à des milles à la ronde, à se porter volontaire pour la bataille de Saint-Denis qui se préparait.

Tout ce que la paroisse comptait d'hommes valides se rendit alors à l'entrée nord du village, entre la route et la rivière Richelieu. Une centaine de patriotes — ceux qui possédaient des fusils — furent regroupés dans une maison fortifiée en pierres des champs qui appartenait à la veuve Saint-Germain, d'où les tireurs pourraient voir venir les Anglais arrivant de Sorel et qui leur servirait de mur de protection contre leurs balles. Un peu plus tard, les défenseurs allaient devenir environ cent cinquante, et vers la fin de la nuit encore plus, venus de tous les environs et dispersés en divers bâtiments.

Le premier travail consista à dresser sur la route un barrage assez haut et assez large pour empêcher soldatesque et chevaux de passer sur la voie carrossable. On y accumula troncs d'arbres, perches de clôtures, roches et tout ce qui tombait sous la main. Grâce à cet arrêt obligé, l'armée anglaise se verrait forcée d'entamer l'agression et on gênerait son déplacement. Il lui faudrait bien s'attaquer au barrage à un moment ou l'autre si elle voulait aller plus loin.

En pleine noirceur, les patriotes établirent ensuite leur stratégie de résistance. D'abord, se diviser en trois groupes : ceux qui lanceraient leurs balles à partir des murs solides de la maison Saint-Germain et qui disposaient d'un peu plus d'une centaine de fusils.

Puis, ceux qui les soutiendraient immédiatement à leurs côtés, une trentaine d'hommes au départ, retranchés juste en arrière dans la distillerie en pierres qui appartenait au docteur Wolfred Nelson — leur chef — et dans une dizaine de maisons environnantes, et qui pourraient en tout temps venir à la rescousse des premiers, en reprenant leurs armes s'il le fallait.

Et, finalement tous les autres, munis seulement d'épées, de fourches et de brocs, qui se tiendraient aux alentours de l'église et se dissimuleraient le long des édifices des environs, prêts à bondir en tout temps sur les assaillants si ceux-ci se hasardaient jusqu'au cœur du village.

De leur position, les patriotes dominaient ainsi à la fois la rivière et la route.

Deuxième tactique : se montrer le moins possible à l'ennemi ; tirer vite et se cacher de nouveau derrière les murs protecteurs, en économisant leurs coups et leurs cartouches, de façon à ne pas gaspiller leurs faibles munitions. Une fois mal pris, si les murs de la maison Saint-Germain venaient à céder aux balles ou aux coups de canons, ils pourraient toujours se réfugier dans la seconde maison en pierres, et alors recommencerait la même tactique.

Les combattants comptaient aussi sur l'arrivée de renforts : de Saint-Charles (le quartier général des patriotes) et des autres villages à qui on avait envoyé des estafettes réclamant d'urgence leur présence ; et, bien sûr, des voisins d'en face, de Saint-Antoine et des autres paroisses du côté ouest de la rivière, où les partisans étaient nombreux.

Sitôt connue la venue de l'armée anglaise à Saint-Denis, on avait délégué deux ou trois jeunes qui traversèrent le Richelieu en chaloupes pour avertir les gens de Saint-Antoine. Ceux-ci avaient immédiatement mis leurs voisins au courant et envoyé aussi des gens à cheval vers Saint-Marc, Beloeil, Sainte-Théodosie, Contrecœur, Verchères et même jusqu'à Varennes, partout où on savait que des patriotes se préparaient à livrer bataille. Le mot d'ordre : venez vite, les Anglais attaquent à Saint-Denis !

Une des chaloupes envoyées à Saint-Antoine aboutit chez la famille Bourgeois, à deux milles et demi au nord du village. Une famille nombreuse, dont on envoya aussitôt des jeunes émissaires avertir les voisins immédiats le long de la rivière : les Christophe Marchesseau junior, les Dupré, les Girouard, les Vilbon Marchesseau, les Collette et les Durocher, plus au sud. Et aussi dans l'autre sens, vers le nord le long de la rivière, jusqu'à atteindre la maison d'Augustin Marchesseau (à un mille et demi de là), reconnu comme l'un des plus fougueux patriotes de la région. Tous les adultes mâles aptes à faire la guerre se sentirent aussitôt fortement incités à se rendre, dans l'heure qui suivrait, à l'entrée du village de Saint-Antoine, juste en face de l'église de Saint-Denis, de l'autre côté de la rivière.

L'énervement était total, la frénésie s'emparait de tous, surtout des épouses et des mères, qui anticipaient le pire pour leurs hommes. Pourtant, les femmes avaient elles-mêmes préparé d'une certaine façon cette aventure. En effet, le 16 septembre précédent, elles avaient organisé un grand dîner champêtre pour manifester clairement leur soutien aux luttes de leurs hommes contre les Anglais ; la vice-présidente en était justement Marguerite Allaire, la femme de Vilbon Marchesseau. Mais une fois le moment venu, c'était moins drôle. Dans chaque famille, ce furent des adieux rapides et déchirants. Et chacun partit, l'un avec son vieux mousquet, l'autre avec son fusil de chasse ou son épée forgée.

Juste en face de l'église de Saint-Denis, de l'autre côté de la rivière à Saint-Antoine, on se retrouva en groupes dans des palabres et des atermoiements qui divisaient les patriotes : attendrait-on les gens des paroisses environnantes avant de traverser prêter main-forte ? Valait-il mieux aller tout de suite à Saint-Denis, même si ceux qu'on attendait n'étaient pas encore arrivés ? On ne savait trop comment procéder. Finalement, à la suggestion de George-Étienne Cartier, un jeune patriote local plus téméraire que les autres, on décida qu'un certain nombre devrait se joindre immédiatement aux patriotes de l'autre côté. Ceux qui viendraient plus tard se trouveraient bien d'autres embarcations pour traverser le cours d'eau large d'un demi-mille. Les cloches de l'église de Saint-Denis ne sonnaient-elles pas sans interruption ? On ne pouvait se dérober à leur appel pressant.

Mais comme les munitions étaient plutôt minces, on demanda à plusieurs Marchesseau, maîtres-forgerons de père en fils, notamment Vilbon et son fils Cléophas, de même qu'à son frère Christophe junior et ses quatre grands garçons, de demeurer sur la rive de Saint-Antoine et de couler des balles en grande quantité. Plusieurs patriotes retournèrent alors chez eux en toute hâte pour amener du métal en vue de le faire fondre par les forgerons. D'autres Marchesseau décidèrent toutefois de traverser illico : Isaac (habitant à Saint-Hyacinthe, mais de passage à Saint-Antoine), Augustin, âgé de cinquante-huit ans, ainsi que l'intrépide Damien (fils de Christophe junior, âgé de seulement dix-neuf ans mais au tempérament plutôt impétueux) se démenèrent pour se rapprocher de l'action et s'organisèrent pour franchir immédiatement la rivière avec le premier contingent.

Chez les Bourgeois, on était au plus mal. Le jeune homme qui avait apporté la nouvelle grâce à la chaloupe restait figé en regardant les femmes se lamenter à tous les saints du ciel. Un des hommes de la maison, Lévy, un vieux garçon plutôt discret et timide, buvait dru pour oublier le défi des Anglais. Il n'avait pas eu le courage de partir tout de suite avec les autres au village. Maintenant, il le regrettait ferme, il se sentait un peu coupable de fuite face au danger commun.

La maisonnée entendit alors un bruit rythmé de bottes ; elle vit passer sur l'autre rive un premier contingent des troupes anglaises. Les soldats marchaient avec régularité, comme des conquérants, déployant leur couleur rouge dans le teint gris et maussade de leurs lampes et de l'aube presque naissante. Ainsi, durent admettre les Bourgeois, ce n'était pas des histoires inventées que cette rébellion ; c'était bien vrai, on était en pleine guerre. Et des gens de leurs propres familles allaient y être directement impliqués.

23 novembre 1837 :
LA DURE BATAILLE

Trente minutes plus tard, quelqu'un au bout du village de Saint-Antoine tout à coup s'écria : «Les Rouges sont là, presque arrivés à l'entrée de Saint-Denis!» Il était environ neuf heures du matin. Après s'être approchés quelque peu de l'entrée du village, les soldats anglais prirent une pause, histoire de manger un brin après avoir passé la nuit à la belle étoile, sous une pluie glaciale, et à marcher sans arrêt sur une terre déjà glacée et dure. Ils attendaient également que leur deuxième cohorte bloquée au Grand Ruisseau les rejoigne.

Vers neuf heures trente, tous les Canadiens entendirent les pas et le cheval venant du nord et virent avec frayeur les tuniques rouges déjà présentes se relever, prêtes à partir pour s'avancer en rangs bien ordonnés vers le cœur du village de Saint-Denis. Les deux groupes anglais venaient de refaire jonction. Les soldats pouvaient profiter du seul canon qu'ils avaient encore avec eux. La bataille allait pouvoir commencer pour de vrai, s'il devait y avoir bataille, sous un froid qui annonçait une neige pour le lendemain.

L'avance des soldats fut stoppée peu après par le barrage érigé sur la route à l'entrée du village. Ils s'arrêtèrent pour analyser la situation. Il était évident qu'ils s'attendaient à faire face à quelque blocage, préparé par des paysans peu nombreux et mal armés. Alors, ils décidèrent d'aller de l'avant et de commencer à démanteler le barrage routier.

Ils s'avancèrent avec précaution. Les cloches sonnaient sans relâche, présages du futur affrontement. Soudain, on entendit des coups de feu… Qui tirèrent les premiers? Il semblerait que ce soit Joseph Allaire, un médecin de Saint-Antoine. D'autres patriotes l'imitèrent, notamment Joseph Pérodeau, dont les balles ne se perdaient jamais inutilement, disait-on. Les soldats furent absolument abasourdis par le feu nourri qui les accueillit; ils s'attendaient à quelques répliques, pas à une intervention aussi intense. Ils comptèrent même leurs deux premiers tués et quelques blessés légers.

Ils devinrent enragés. Après un premier repli, ils revinrent en vagues successives. Mais chaque fois les patriotes les attendaient pour les canarder en plongée, à partir des fenêtres du haut de la maison de pierres. Ça s'annonçait plutôt mal pour eux. Déjà plusieurs bons tireurs patriotes étaient au front, dont le turbulent George-Étienne Cartier et le sage Benjamin Durocher, tous deux de Saint-Antoine.

Alors, les soldats furent rappelés vers l'arrière et ils changèrent de tactique. Leur commandant décida de diviser ses forces en trois groupes : un premier attaquerait par le chemin en démolissant le barrage routier ; un deuxième tenterait une offensive en longeant la rive près du cours d'eau et en prenant la maison en pierres de revers ; le troisième ferait semblant de repartir vers l'arrière pour mieux dissimuler une attaque sournoise venant à travers les champs, par la gauche (sur la droite des patriotes), de façon à contourner les tirailleurs et à les prendre à rebours.

Entre-temps, on avait réussi à installer l'unique canon, en position pour attaquer les murs de la maison de pierres. Le premier tir d'obus fut désastreux pour les patriotes, dont deux ou trois furent tués ou blessés quand le boulet atterrit à travers une fenêtre de l'étage. Les soldats crièrent de joie et se lancèrent à l'attaque. Ils furent reçus de nouveau par une volée de balles et durent reculer. Ils reprirent alors leur tactique de bombarder l'édifice avec leur canon. Mal leur en prit : les patriotes avaient l'œil juste et blessèrent coup sur coup deux des artilleurs qui tentaient d'allumer la mèche du canon.

Le temps s'étira, entre coups de canon, petites sorties rapides et escarmouches sans trop de conséquence. On s'observait. Tout ce temps, les cloches ne cessaient d'envoyer leur appel urgent aux environs. Cela dura longtemps.

Vers midi, nouvelle stratégie des attaquants : ils se rendraient visibles le moins possible, tirant rapidement chacun leur balle, puis retournant à leur cachette derrière les arbres, les bâtisses, les clôtures ou les cordes de bois, le temps de recharger leur arme. Le but était d'amener leurs adversaires patriotes à dépenser futilement leurs munitions, en attendant de préparer leur futur coup de canon, car ils voyaient bien que les murs de la maison en pierres résisteraient aux balles et s'avéreraient un obstacle difficile à franchir.

Les patriotes semblèrent donc garder un bon moment l'initiative de la bataille. Les Anglais faisaient du surplace et trouvaient le temps long, toujours sous le vent frisquet, tandis que les autres échappaient partiellement au mauvais temps puisqu'ils étaient réfugiés dans des bâtiments. Entre-temps, le nombre de combattants canadiens ne cessait d'augmenter.

Les échanges se transportèrent alors du côté de la rivière, mais sans résultats concluants pour les Anglais : les soldats de la deuxième colonne se trouvèrent en effet eux aussi en contre-plongée et devinrent ainsi des cibles bien trop visibles à travers les arbres dépouillés de leurs feuilles.

On attendait les faux pas de part et d'autre.

Le commandant des patriotes, le docteur Wolfred Nelson, voyant la diminution rapide des balles disponibles, dépêcha alors George-Étienne Cartier vers Saint-Antoine pour recueillir d'autres munitions et ramener si possible de nouveaux compagnons. Il partit par l'arrière de la distillerie en courant vers une chaloupe, les balles anglaises sifflant à ses oreilles, mais il réussit à s'esquiver et à rejoindre sans encombre et la chaloupe et l'autre rive. Le canon était orienté de façon à attaquer et à détruire les murs de la maison derrière lesquels se cachaient avec succès les défenseurs. Mais malgré tous les coups, ces murs résistaient, solides qu'ils étaient grâce aux pierres des champs entassées dru et au bon mortier. Entre-temps, le docteur Nelson avait fait descendre la plupart de ses soldats au rez-de-chaussée, pour épargner des vies alors que les obus atterrissaient à l'étage.

La bataille se fit plus serrée. Les Rouges se rapprochèrent de la maison et se mirent à tirer selon la tactique anglaise habituelle, en rangs coordonnés, les seconds debout remplaçant les premiers à genoux, puis inversement. Les militants patriotes essuyèrent leurs premières salves dangereuses et comptèrent à leur tour quelques blessés. Mais ce n'était pas le temps de s'apitoyer. Ils relancèrent la riposte.

Les soldats les attaquaient sans relâche, vague après vague. Ils envisagèrent de se replier stratégiquement vers la deuxième maison en pierres.

Heureusement, des Canadiens arrivaient encore de tous les horizons et remplaçaient les combattants épuisés. Leur nombre s'élevait maintenant à plus de deux cents ; c'était peu contre les trois cents Anglais bien armés, mais, contrairement aux autres, ils étaient protégés et les soldats demeuraient à découvert chaque fois qu'ils voulaient s'avancer.

Toutefois, le moral faiblissait manifestement, malgré le tintement régulier et encourageant provenant du clocher. D'autant qu'on comprit tout à coup la tactique du commandant anglais : le tiers de son armée, qu'il avait détaché auparavant, arrivait maintenant de côté, à travers les champs, et son tir devenait d'autant plus dangereux qu'il semblait venir de rangs amis. Devant le désarroi engendré subitement par cette offensive imprévue, le groupe anglais réussit à s'avancer considérablement vers la maison de pierres et tenta de s'emparer d'une bâtisse importante, la grange Phaneuf, située de biais par rapport à l'édifice patriote. Car il pourrait ainsi canarder plus d'un défenseur.

Pour essayer de contrer cette attaque déstabilisante, Benjamin Durocher répondit à un appel francophone de la grange d'à côté et s'y dirigea en courant... De nombreux coups de feu furent alors échangés, avant que tout ne se calme de nouveau.

Peu à peu, les tuniques rouges de l'aile gauche de l'armée continuèrent leur progression et réussirent à s'emparer d'une maison située, celle-là, juste en face de la maison Saint-Germain. La situation devenait proprement critique pour les patriotes.

Tout changea brusquement. Les combattants dans la maison en pierres virent que le canon anglais n'était plus orienté vers eux, mais venait de se braquer plus à droite, vers la rivière. Que se passait-il donc ?

C'est que se présentaient, de façon inespérée, des renforts tout frais, composés d'une centaine d'hommes : ils arrivaient de Saint-Antoine, ainsi que des villages des environs, notamment Sainte-Théodosie, Contrecœur, Saint-Roch et Verchères. De toute urgence, le passeur Roberge, de Saint-Antoine, avait préparé un bac traversier et plusieurs chaloupes pour pouvoir transporter la troupe du côté de Saint-Denis. Tout le monde s'était donné rendez-vous au nord du village, d'où l'on pouvait suivre l'action de l'autre côté de la rivière et où venaient d'arriver les renforts de Contrecœur par la route de la Pomme d'Or. Le contingent parti de Saint-Antoine s'avançait en chantant et en criant aux Canadiens de tenir bon. Ces troupes fraîches apportaient plein de munitions. Ils approchaient déjà de la rive de Saint-Denis.

Un premier coup de canon lança un obus qui frôla l'embarcation principale. Ouf! Tout le monde se tut et rama plus fort, plus vite, pour échapper à ce danger imprévu. Le deuxième boulet, lui, atteignit la cible : un des côtés du bac. L'eau s'y engouffra. Une partie des rameurs s'attela alors à écoper l'eau qui entrait dans le trou béant laissé par l'obus, tandis que les autres faisaient un effort désespéré pour faire avancer l'embarcation et les chaloupes. Heureusement, on était sur le point d'accoster.

Vite, tout le monde sauta à terre et monta la côte, exhorté par les défenseurs quelque peu fatigués de Saint-Denis. Ils furent immédiatement dirigés surtout vers les champs, pour contrer l'attaque qui se concentrait autour de la grange. Le bedeau redoubla de courage pour tirer les grands câbles de ses cloches brinquebalantes.

À ce moment-là, les patriotes se dénombraient à plus de trois cents. L'arrivée de si beaux renforts fit lentement tourner le vent. Les nouveaux venus prirent place aux avant-postes et purent tirer beaucoup plus souvent, car ils ne manquaient pas de balles. Malgré la tentative d'encerclement par la gauche du village à travers les champs, les soldats furent finalement repoussés par le détachement de patriotes arrivés de Saint-Antoine.

Les soldats anglais se regroupèrent alors de nouveau et entreprirent une ultime attaque sous l'ordre de leur commandant. Ce fut une bataille furieuse, qui se termina en corps à corps. Tout le monde était maintenant de la partie. Les patriotes nouvellement arrivés furent rejoints par tous les autres qui s'étaient dissimulés un peu partout. Les fourches et les brocs servirent amplement. Tous résistèrent à ce dernier assaut de l'armée anglaise, qui commença à s'éparpiller et à s'éloigner vers l'arrière, en ordre un peu dispersé.

C'est alors qu'un événement pour le moins inusité se produisit sur le front principal, à gauche du barrage routier, et qui allait mettre fin au carnage. Damien Marchesseau, l'audacieux adolescent de Saint-Antoine, surgit à l'improviste d'une haie du côté de la rivière, sauta le fossé et se dirigea à la vitesse de ses longues jambes directement sur le porteur du drapeau britannique, un jeune plus ou moins de son âge, qui se retirait lentement et passait près de lui. Il accrocha le drapeau de ses mains et tira pour le lui enlever. Le porteur se défendit de belle façon. Les deux roulèrent sur le sol dur et mouillé. Aucun soldat n'osait tirer sur ces jeunes, de peur de blesser son compatriote. Tous regardaient intensément la lutte. Le jeune Damien, probablement plus en forme et déjà fort de ses dix-neuf ans, entraîna peu à peu son compagnon vers le côté canadien du barrage et finalement employa la plus grande énergie à s'emparer seul du drapeau. Dans un geste désespéré, l'autre se tendit de tout son corps et résista. Le drapeau commença à se déchirer par le milieu. Le jeune Anglais en resta complètement interloqué. Cette fraction de seconde permit à Damien de saisir le drapeau déchiré et de sauter se cacher derrière un mur patriote.

Plus aucune balle ne fut tirée pendant quelques instants. On laissa le jeune Anglais rejoindre sa troupe la tête basse, tout honteux qu'il était d'avoir perdu son drapeau.

23 novembre 1837 :
LA VICTOIRE

La brunante faisant rapidement son œuvre en cette fin d'automne, le commandant anglais, désarçonné et passablement découragé, prit soudain peur. En effet, en quelques minutes, la noirceur de novembre était tombée. Il pleuvait maintenant de fines gouttelettes froides, qui vous gelaient sur place. Tout était devenu glacial : le temps et l'affrontement. Le commandant anglais n'avait plus vraiment le choix. S'il ne repartait pas immédiatement vers Sorel, il risquait de se faire couper la retraite de l'arrière par les Canadiens arrivant sans cesse de partout, en particulier de Saint-Bernard et de Saint-Ours. Sans compter ceux qui longeaient la rivière en les attaquant de côté parce qu'ils profitaient de la noirceur et d'une meilleure connaissance du terrain. Ses soldats, qu'il avait fait marcher durant la nuit sous l'averse éprouvante, étaient maintenant tout à fait épuisés et fourbus ; surtout ils étaient sur le point de manquer de munitions. Et les miliciens canadiens avaient un tir d'une telle précision que cela risquait de lui faire perdre beaucoup d'hommes sur le terrain : ils étaient devenus trop vulnérables.

Il se sentit tellement pressé de quitter les lieux avec son armée qu'il abandonna même son canon sur place, aussitôt récupéré par les patriotes, qui lui firent débouler la côte jusque dans la rivière. Les Canadiens harcelèrent encore un temps les soldats anglais, qui durent sans cesse se défendre de dos. Une fois la troupe disparue, une joyeuse clameur francophone heurta les nuages et les gouttelettes d'eau et se dispersa sur les rives du Richelieu, en se mêlant aux cloches qui chantaient maintenant à toute volée malgré les mains ensanglantées du bedeau. Les patriotes avaient vaincu les Anglais! La bataille de Saint-Denis était gagnée, en leur faveur. On criait de partout.

En entendant la rumeur, Lévy Bourgeois n'y tint plus. Il avait vu passer sur l'autre rive plusieurs autres Canadiens qui se dirigeaient vers Saint-Denis en longeant la rivière pour prendre les Anglais à rebours. Il se décida. À moitié ivre, sans trop savoir ce qu'il faisait mais sachant bien qu'il ne pouvait rester sans rien faire, soudain libéré de toute inhibition, il saisit un long couteau et partit en titubant vers la chaloupe amarrée au quai par le jeune émissaire, en coupa le câble, la détacha, sauta dedans. Les autres réalisèrent tout à coup la folie qui s'était emparée de lui et lui crièrent de rester à quai, coururent pour l'empêcher de quitter la rive, se jetèrent même dans l'eau glacée pour le retenir. Rien à faire : il avait fait tourner la chaloupe et se dirigeait tout droit, ramant ferme, vers la rive opposée, là où les Anglais repasseraient d'ici peu. Avec angoisse, on le vit débarquer, à la brunante avancée, de l'autre côté dans les broussailles. On aperçut à peine sa silhouette entre les arbres, en train de grimper la côte, le poing en l'air, en criant à maintes reprises « maudits Anglais ! » Plusieurs détonations se firent entendre : à deux arpents de là, les fusils avaient tonné ; la fumée en sortait encore, toute blanche dans la pluie grise. Puis, on n'entendit plus rien. Silence complet. Seule la pluie reprenait ses droits. Et on vit, à partir de la rive de Saint-Antoine chez les Bourgeois, passer un cheval, suivi par un groupe de miliciens silencieux en vestes rouges, qui se dirigeaient lentement vers Sorel.

C'était un jeudi en fin d'après-midi, le 23 novembre 1837.

23-24 novembre 1837 :
LES ÉCLOPÉS DE LA VICTOIRE

Dans le camp patriote, on se congratulait. On se tapait dans le dos. C'était l'euphorie totale. Mais après quelques minutes, la noirceur et la pluie réveillèrent tout à coup la troupe. On se rendit compte que la bataille avait fait des victimes, dont plusieurs se lamentaient de plus en plus fort. En marchant dans l'obscurité, on heurtait des corps, morts ou défaillants, des blessés qui criaient : «Aïe, j'ai mal, vous me faites mal!» À la joie de la victoire succédait maintenant l'horreur de découvrir les blessés et les défunts de son propre camp, mais aussi de l'autre.

Le groupe convint de regrouper tous les gens par paroisses : les Anglais prisonniers et les patriotes de Saint-Denis et des environs seraient regroupés près de l'église de la place; ceux de Saint-Antoine et des villages de la rive ouest seraient réunis près de la rivière, prêts à être transportés par chaloupe.

On fit l'appel des noms. Quelques silences impitoyables. De Saint-Antoine, sur une bonne quinzaine de patriotes engagés directement dans l'affrontement, trois ou quatre ne répondaient plus. On chargea tout un chacun d'identifier les manquants. On se mit à leur recherche. En route, on en rencontra un, dont la face blafarde était éclairée par de faibles fanaux. Puis, on trouva deux pères de famille, originaires du rang de l'Acadie à Saint-Antoine, de vieux voisins qui n'avaient jamais digéré que leurs ancêtres fussent chassés de Port-Royal en 1755 et qui se montraient parmi les plus vindicatifs contre les Anglais : le premier blessé, l'autre mort, appuyés l'un sur l'autre. On entra dans la maison en pierres, dont les fenêtres et quelques poutres avaient volé en éclats. On retrouva un homme écrasé sous une fenêtre, un autre mort, plié en deux sur un cadre de châssis; ils n'étaient pas de la paroisse.

Puis, on sortit face à la maison. C'est là qu'on découvrit avec stupeur et horreur Benjamin Durocher, face contre terre. Les personnes de Saint-Antoine en restèrent figées sur place. Il fut justement retrouvé entre la maison et la grange Phaneuf, foudroyé en plein cœur par une balle ennemie. Lui, l'ancien, le sage, lui, le héros respecté, il gisait là, sans vie. Quelqu'un raconta alors aux autres qu'un traître (un Canadien vendu) l'avait appelé en français de la grange, que les Anglais n'avaient pas eu alors de peine à l'abattre.

La tristesse, le dépit, la lassitude, le découragement firent soudain suite à la folle joie exubérante. On dut transporter les morts et les blessés un par un, avec mille précautions, sans se prendre les pieds dans les débris. On entendait un peu partout des plaintes, des gens qui geignaient tant en anglais qu'en français. On abreuvait ceux qui avaient soif. Des barques firent, pendant deux heures, des voyages aussi pénibles que traumatisants, transportant un malade à la fois, ou deux cadavres à la fois. La nuit était plus opaque que jamais. Et toujours il pleuvait; cette damnée pluie! Les cloches avaient maintenant cessé de sonner.

La bataille avait duré entre six et sept heures. Les pertes dans les deux camps semblaient à première vue importantes. On avait fait quelques prisonniers anglais, dont plusieurs blessés : les médecins patriotes sur place les soignèrent du mieux qu'ils purent. Au moins six hommes de l'armée anglaise avaient été tués, dont on retrouva les corps (sans compter les disparus), et il semblait qu'une dizaine d'autres étaient blessés. Les pertes du côté des patriotes s'élevaient à une douzaine de morts et à au moins sept blessés.

Quatre personnes de Saint-Antoine étaient décédées. Après la traversée de la rivière, chaque groupe de voisins retourna chez lui, les armes d'une main, les morts et les blessés sur des brancards improvisés soutenus par l'autre main.

C'est ce type de caravane faite des Collette, des Girouard, des Dupré, des Bourgeois et des

Marchesseau qui se présenta vers vingt-deux heures à la résidence des Durocher. Ils furent reçus par des cris de désespoir. La veuve perdit connaissance, dans les bras de ses filles elles aussi éplorées. Ses enfants et ses petits-enfants étaient écroulés dans tous les recoins de la maison. On n'en finissait plus de raconter ce qui lui était arrivé, ce que Benjamin Durocher avait réussi comme actes de bravoure durant la journée ; comment il s'était fait piéger traîtreusement. Tous écoutaient attentivement, à la fois admiratifs et consternés.

Peu après, les Collette, les Girouard, les Dupré, les Bourgeois et les Marchesseau continuèrent chacun vers chez eux pour apporter à leur tour des nouvelles fraîches à leurs familles anxieuses. C'est alors que les rejoignit la rumeur de la fugue de Lévy en chaloupe pour aller rencontrer les Anglais du côté de Saint-Denis. Ce fut de nouveau la désolation. Les Bourgeois étaient au désespoir. Les Marchesseau et les Girouard offrirent de traverser immédiatement la rivière avec quelques Bourgeois, pour tenter de retrouver les traces de Lévy. Ils cherchèrent en vain sous la pluie durant une bonne demi-heure, à la lueur falote de leur lampe de grange, mais ils durent remettre leur lugubre démarche au lendemain.

À leur retour chez eux, vers une heure du matin, les Marchesseau trouvèrent femmes et enfants encore en pleurs, à la fois de soulagement et de tristesse à la nouvelle du décès de leur troisième voisin, le bon Benjamin Durocher, leur cousin si apprécié de tous, si proche de la famille. On voulait tout savoir de ce qui s'était passé. On allait d'une maison à l'autre. On raconta trois fois, quatre fois l'exploit de Damien, qui ne se fit pas prier pour narrer avec toujours plus de détails son esclandre et agiter le fameux drapeau en question. On ne se coucha que bien tard.

La nuit fut plutôt courte pour trois Marchesseau puisque, dès les premières lueurs de l'aurore, Vilbon et son fils Cléophas, de même que Christophe junior s'engagèrent de nouveau dans la traversée de la rivière à la recherche du Lévy Bourgeois manquant. Ils le trouvèrent cette fois sans difficulté, dans des broussailles près de la route, le ventre complètement coupé en deux par les balles. Le ramener ne fut pas une mince affaire, sans en perdre les membres, sans abîmer encore plus les entrailles éparpillées. Et de nouveau le drame frappa, cette fois-ci chez d'autres de leurs proches voisins et grands amis, les Bourgeois, pour qui ils avaient aussi tant d'affection.

24-25 novembre 1837:
LA VEILLÉE AUX MORTS

Quelle triste journée s'ensuivit. Les familles devaient laver les corps, les habiller de propre. On les déposa sur des planches, posées sur des tréteaux, au fond du salon. C'était tout simplement lugubre dans les deux maisonnées, dont les portes d'entrée portaient le crêpe noir.

Il fallut ensuite aux deux familles monter au village par les chemins boueux rencontrer le curé Michel Cusson pour les funérailles. La crainte tenaillait le ventre de tout un chacun: comment le prêtre réagirait-il, lui qui avait reçu expressément de son évêque l'ordre strict de condamner toute prise d'armes, toute bataille, toute rébellion? Les morts — les quatre de la paroisse — seraient-ils seulement admis aux funérailles dans l'église et au *Libera*? Seraient-ils enterrés — comme de bons croyants qu'ils avaient toujours été — dans le cimetière catholique, ou comme des mécréants, de vulgaires incroyants privés d'une sépulture décente? Autant de questions lancinantes, qui torturaient chacun et chacune.

Heureusement, toutes les familles furent bien accueillies par le curé Cusson. Il était de leur côté, mais sans le dire trop fort, pour éviter les sanctions de l'évêque. On arrangea une cérémonie collective pour le lendemain, où tous les décédés de la place seraient reçus dans l'église et portés au cimetière en même temps. Les familles en furent infiniment reconnaissantes au curé; s'il avait fallu que ces bons chrétiens fussent enterrés en dehors du cimetière catholique, qu'est-ce qui les aurait attendus de l'autre côté de la mort?

La veillée aux corps revêtit un caractère surréaliste. Dans deux maisons d'à peine quinze arpents d'intervalle, deux voisins qui s'appréciaient reposaient maintenant sur les planches mortuaires toutes drapées de noir. Des familles éplorées. Les Marchesseau étaient particulièrement affligés par la douleur eux aussi. Les Bourgeois formaient avec eux presque une famille agrandie. Avec les Durocher, c'étaient les liens du mariage qui avaient toujours perduré, la grand-tante Marie-Geneviève Marchesseau ayant marié en 1750 le grand-père Durocher, ce qui avait justement fait déménager toute la famille Marchesseau de Québec à Saint-Antoine, près des Durocher. Depuis, c'était comme de la parenté directe, en plus d'être des aimables voisins.

On raconta d'une maison à l'autre les exploits et les difficultés auxquels ils avaient été exposés. On se rappela le bon vieux temps, alors que la vie semblait tellement moins compliquée. On passait de la maison des Bourgeois à la maison des Durocher, et ensuite de retour chez les Bourgeois.

On mangea et on but pour combler le vide tant physique que moral. Les enfants s'endormirent sur leurs chaises ou montèrent aux chambres s'étendre de travers sur les lits, dans une maison ou l'autre.

Quelques conteurs d'histoires se mirent alors à entretenir la fin de la nuit. L'effet fut immédiat : une décharge des émotions, même pour les histoires les moins drôles ou les plus ridicules. Les nerfs se relâchaient, on riait pour rien. Quelques paraboles salaces firent alors leur apparition ; les femmes s'insurgèrent aussitôt, rappelant qu'on était à une veillée des morts, pas au jour de l'An.

25 novembre 1837 :
LES FUNÉRAILLES

La cérémonie des funérailles eut lieu le surlendemain de la bataille, soit le lendemain de la veillée mortuaire, le samedi 25 novembre, tôt en début de matinée. Il va sans dire que l'église de Saint-Antoine était pleine à craquer : les jubés débordaient, les jeunes filles étaient assises dans les allées de côté, les jeunes garçons entassés dans le chœur de l'église. Les quatre cercueils faisaient la file dans l'allée centrale, sur des catafalques improvisés.

Quand le pasteur monta en chaire, un silence de mort s'installa d'un coup sec : même les tout jeunes enfants avaient saisi qu'il se passait là quelque chose d'extrêmement important. Qu'allait dire le curé Cusson ? Il commença son sermon lentement, en cherchant ses mots, presque en bégayant.

« Mes bien chers frères, le malheur nous frappe durement aujourd'hui. Bien des familles en deuil ici présentes ont, qui un frère, qui un mari, qui un parent, qui un grand ami dans ces cercueils alignés dans l'allée centrale.

« Vous le savez, il ne m'appartient pas de me prononcer aujourd'hui sur l'à-propos des incidents qui se sont déroulés avant-hier à Saint-Denis. Je ne peux qu'être, parmi vous, celui qui pleure avec vous, celui qui y voit l'une des plus grandes croix de sa vie de prêtre : la mort qui frappe injustement. (Sa voix commençait à chevroter.)

« La religion qui nous réunit ici aujourd'hui nous donne une espérance certaine quant à la vie dans l'au-delà. Nous savons que nos frères morts en se battant pour une cause qu'ils pensaient juste se retrouveront sans doute bientôt au ciel, où toute justice sera rendue.

« Mais moi, comme curé de cette paroisse, je ne puis aujourd'hui que participer à votre détresse, je ne puis que me fondre dans votre douleur et dans votre tristesse, je ne puis... » (Sa voix rata alors complètement.)

Et le curé, du haut de sa chaire, partit tout bonnement à pleurer à chaudes larmes, comme un enfant. C'était trop pour ses nerfs. Et l'assistance en fut subjuguée. Tout le monde l'imita, d'abord par des reniflements légers, puis par lamentations rauques, tenaces, incantatoires. Tout le monde pleurait dans l'église, sans retenue, même les hommes forts dont les larges épaules sursautaient, même les enfants qui sentaient s'y produire quelque chose d'inouï.

Et tous et toutes se mirent à se prendre dans les bras les uns les autres, à se consoler mutuellement, à se passer la main dans le dos comme si cette manœuvre pouvait un tant soit peu exorciser l'événement, éloigner le calice qui imposait sa mixture empoisonnée à la communauté paroissiale. C'était à la fois un brouhaha indicible, retenu mais profondément souterrain, et un épanchement collectif d'un trop-plein d'émotions, d'une peine immense.

Le curé eut toutes les difficultés du monde à retrouver ses esprits et à rétablir le calme dans le lieu saint. («A-t-on jamais vu un tel bruit dans la maison du Seigneur?», articula-t-il faiblement, mais sans reproche dans la voix.)

La messe, dans une église toute de noir vêtue, dont fenêtres et balustrades avaient été garnies de drapés sombres, fut suivie du *Libera*. Puis, on sortit pour l'enterrement proprement dit en «terrain bénit». Un 25 novembre de grisaille fut ainsi témoin de la mise en fosse de quatre cercueils, l'un après l'autre, et du désarroi de chacune de ces quatre familles. On s'attarda longuement sur les lieux de sépultures, à deviser sur l'avenir, à regretter le passé, à épancher ses souvenirs et ses larmes, à se consoler mutuellement.

Et voilà qu'à la sortie du cimetière, on entendit soudain les cris de ceux qui parvinrent les premiers devant l'église: «Les Anglais sont revenus à Saint-Denis! Les Anglais sont à Saint-Denis!» Tous se précipitèrent vers la rivière, dans le parc. Et les membres des familles Marchesseau (Augustin et Madeleine, Julie et Christophe junior — y compris leur fils Damien —, Vilbon et Cléophas), les familles Bourgeois, Girouard, Dupré, Collette et Durocher, tous avec femmes et enfants, virent en effet de très loin les Anglais passer en rangs, leurs tuniques rouges impeccables, sembla-t-il, accompagnés de quatre canons tirés par huit chevaux. Ils apparaissaient plus nombreux que ceux qui avaient attaqué les patriotes à Saint-Denis. À l'horizon, sur la gauche, on voyait de biais de la fumée noire s'échapper de quelques fermes ou de quelques maisons : ils avaient déjà commencé à prendre leur revanche sur Saint-Denis, les Rouges.

Ils se dirigeaient maintenant tout droit vers Saint-Charles, le centre des opérations des patriotes. Ceux-ci seraient-ils assez nombreux pour résister cette fois encore, pour tenir le coup, se demandait-on les uns aux autres ? Rien n'était moins sûr. Petit à petit, le bruit rythmé des bottes anglaises se fit plus discret, le rouge de leurs capotes se fondit lentement dans le brun du sol gelé, ils s'évanouirent peu à peu, figurines miniatures, à l'ombre de l'imposante masse du mont Saint-Hilaire, pourtant d'habitude si joli et si inspirateur.

Le village entier les regardait avec consternation et crainte se dissoudre ainsi dans le mauve et l'ocre en multiples taches. Ils s'éloignaient vers le sud ; ils seraient à Saint-Charles dans une heure tout au plus, ou même trois quarts d'heure. Qu'arriverait-il alors là-bas ? Le cœur de chacun se glaçait à cette pensée.

Sans qu'ils s'en soient même rendu compte, les paroissiens de Saint-Antoine se sentirent alors envahis d'une tristesse sans fond. La victoire de Saint-Denis avait été bien éphémère... Le paysage plus nu que jamais y était certainement pour beaucoup : toutes les feuilles étaient tombées des arbres, sauf celles des peupliers, des ormes et des saules, bien entendu. C'est comme si on faisait face au vide. La bataille à peine gagnée, le retour des Anglais... Décidément, ils étaient les plus forts, ces conquérants.

L'hiver morne et périlleux serait là demain, ça se sentait de côté et d'autre. « L'hiver avec ses grandes dents », comme disaient les vieux, qui en avaient vu plus d'un exaspérer leur arthrite ou leur rhumatisme. L'hiver qui serait doublement pénible cette année, pour quatre familles, et aussi pour toutes les autres de la paroisse. Sans parler des habitants de Saint-Denis, en face, près des grands bois, avec leurs morts et leurs blessés encore plus nombreux. Et maintenant la vengeance des Anglais...

Début décembre 1837:
LES DÉFAITES DÉPRIMANTES

Les mauvaises nouvelles voyagèrent rapidement. Tout le monde fut vite au courant que, au surlendemain de sa première défaite, l'armée anglaise était repartie de Sorel tôt le samedi matin du 25 novembre, de nouveau en campagne le long du Richelieu.

La veille, les patriotes avaient été prévenus de l'attaque imminente des Anglais. Ils s'étaient regroupés à Saint-Charles, où ils s'étaient barricadés et les attendaient de pied ferme, du moins le croyaient-ils. Malheureusement, ils reçurent une dégelée militaire sans appel. Les Rouges avaient appris de la leçon précédente. Cette fois, ils utilisèrent immédiatement leurs nombreux canons et réduisirent en miettes les quelques édifices en pierres derrière lesquels se protégeaient les Canadiens. Ceux-ci durent capituler rapidement et tâchèrent de se sauver à travers champs, où les Anglais avaient peine à les poursuivre à cause de leur équipement trop lourd. La plupart s'enfuirent vers le sud, avec l'intention de pénétrer aux États-Unis par la frontière mal gardée, d'autant que plusieurs délégués canadiens déjà présents aux États-Unis s'efforçaient pendant ce temps de convaincre les autorités de ce pays d'intervenir au Canada pour soutenir la lutte des Canadiens contre les Anglais.

Quelques jours plus tard, on apprit que malheureusement la plupart des patriotes fuyards avaient été interceptés près de la frontière, dont un certain Siméon Marchesseau, le renommé professeur d'école et huissier du village de Saint-Charles. Voilà qui mit tous les Marchesseau dans l'eau bouillante : un des membres de leur propre famille, Siméon, avait donc été capturé. De plus, trois membres directs de leur famille avaient été bien identifiés comme ayant été présents à la bataille de Saint-Denis, Isaac, Augustin et Damien ; cela risquait d'entraîner toute la parenté dans les ennuis.

Après leur victoire de Saint-Charles, les soldats anglais revinrent vers Sorel huit jours plus tard. À Saint-Denis, la répression fut violente. Ils en profitèrent pour piller un grand nombre de demeures et brûler la plupart des bâtiments, granges et hangars, réduisant en fumée les réserves alimentaires pour l'hiver, ainsi que les semences nécessaires pour le prochain printemps. En passant à Saint-Ours, les soldats volèrent du bétail dans les granges pour se nourrir. Ils arrêtèrent également quelques minutes devant la maison en briques rouges qui servait de bureau d'enregistrement pour y faire se désaltérer leurs chevaux à une source toute proche. (Un soldat anglais y échappa même son porte-monnaie, vite récupéré en catimini par le propriétaire de la maison.) Ce n'était pas tout, les patriotes n'étaient pas au bout de leur peine : on apprit peu avant Noël la victoire décisive de l'armée anglaise le 14 décembre à Saint-Eustache, au nord-ouest de Montréal, défaite qui mit pratiquement fin aux futurs espoirs de rébellion des patriotes, sauf chez un tout petit groupe d'irréductibles.

Au début de décembre, avec les dimanches de l'Avent, lointaine préparation liturgique à Noël, le chant annonciateur de la naissance de Jésus *Venez, divin Messie* s'était révélé plus significatif que de coutume. Pour les habitants de Saint-Antoine qui se retrouvèrent à l'église, le cantique eut une résonance toute particulière :

« Venez, divin Messie, sauver nos jours infortunés ; venez source de vie, venez, venez, venez.

Ah ! descendez, hâtez vos pas ; sauvez les hommes du trépas, secourez-nous, ne tardez pas.

Voyez couler nos larmes, grand Dieu, si vous nous pardonnez, nous n'aurons plus d'alarmes, venez, venez, venez.

Venez, divin Messie, sauver nos jours infortunés ; venez source de vie, venez, venez, venez. »

Mi-décembre 1837:
LA MORT DU COCHON

On s'efforça de préparer les Fêtes comme à l'accoutumée malgré tout, mais le cœur n'y était pas tout à fait. À cause de la rébellion de la fin de novembre, on avait dû retarder d'une semaine l'abattage de certains animaux. Les veaux, eux, ainsi que quelques agneaux, étaient déjà passés sous le couteau à la mi-novembre. Au début de décembre, plusieurs poulets, deux moutons, des oies furent aussi décapités.

L'heure de la boucherie du porc était maintenant arrivée chez les Marchesseau; et cela se faisait toujours par tradition à la ferme ancestrale de Vilbon. Les trois familles Marchesseau du rang — Vilbon, Augustin et Christophe junior — y participaient, et on se séparait équitablement les morceaux par la suite. La tuerie du gros cochon, c'était le temps fort, sans contredit.

Pauvre animal! Il sentait à l'avance ce qui l'attendait, car avant même qu'on aille le prendre dans la soue, il couinait déjà à pleine gorge et courait dans tous les sens. Quand les hommes forts entrèrent dans son habitacle, il grogna de toutes ses forces et se rebella en sortant les dents. On lui lia les pattes, difficilement, car il se débattait comme un diable dans l'eau bénite. Puis, on le traîna dehors, entre la soue et la grange, toujours sous le vacarme de ses grognements.

Or, à la surprise générale, il réussit à se sortir les pattes de ses liens et à se sauver. Et les hommes de courir après, et les femmes et les jeunes enfants de s'empresser de retourner à la maison. On le coinça enfin dans l'embrasure de la porte de grange, non sans peine. Et on le ramena pattes mieux liées vers le lieu de l'abattage.

Là l'attendait le grand couteau du boucher de la famille: auparavant, le grand-père Vilbon, maintenant son fils Cléophas. Le rituel se ressemblait invariablement. On approchait d'abord une grande lèchefrite du cou du cochon, puis d'un geste net et sec on lui tranchait l'artère principale, l'aorte. Immense cri de mort et déhanchement de sa part; les hommes présents, à genoux sur lui, mettaient tous leurs efforts à retenir l'animal pour l'empêcher de bouger. Il fallait maintenir la lèchefrite dans la bonne position, sous le cou, car on ramassait le sang pour en faire du boudin et on voulait en perdre le moins possible.

Une fois les cris arrêtés et le sang écoulé — tout cela ne durait que quelques secondes quand le travail était bien fait —, on procédait plus avant avec le cochon mort. On le tirait vers le hangar, où un palan disposé en permanence sur un des murs de l'intérieur servait à l'accrocher par les pattes de derrière vers le plafond, ventre à l'air.

On apportait sous le cochon un baquet d'eau bouillante qu'on faisait chauffer dans un immense chaudron de fonte tout près, et on descendait le cochon pour le faire tremper dans l'eau, en vue d'assouplir sa peau et ses soies. Comme le porc était très gros, on procédait en deux temps: d'abord, on descendait le haut du corps jusqu'au milieu dans l'eau, puis on étendait le porc à l'horizontale pour pouvoir l'accrocher ensuite sous la gorge, le remonter dans les airs grâce au palan et ensuite redescendre la partie du bas toujours dans l'eau bouillante. On visait ainsi à retirer plus facilement toutes les soies très raides et résistantes. Ce n'était pas là tâche facile. Heureusement, une brosse appropriée en forme de grattoir aidait considérablement.

Le boucher de la maison passait alors son grand couteau du haut jusqu'en bas du porc, mais en évitant d'abîmer l'intérieur et surtout de crever les viscères. Tout en retirant les principaux organes, il décollait avec précaution les boyaux des intestins, qu'on allait vider sur le tas de fumier à l'extérieur. On versait de l'eau sous pression dans les boyaux d'intestins; un premier nettoyage. Ensuite, les femmes s'emparaient des tripes, les ramenaient à la cuisine et les lavaient au savon, les relavaient encore, puis les rinçaient plusieurs fois pour qu'elles deviennent impeccablement nettes. Après une heure de lavage intensif, on pouvait alors y insérer le sang, qui avec la cuisson offrirait bientôt des merveilleux bouts de boudin.

Comme le froid arrive immanquablement vers la fin de novembre ou le début de décembre, il était facile de dépecer le porc dans ses différentes parties et ses abats, en laissant à la température le soin de les congeler convenablement la nuit. On les gardait dans le bas-côté non chauffé de la maison. On était alors outillé pour bien préparer tous les bons plats si renommés pour se remplir la panse durant le temps des Fêtes : tourtière, ragoût, cretons…

Du reste du corps du cochon, on taillait le merveilleux lard. Une fois la peau nettoyée, on procédait au découpage en carrés de deux pouces, toujours avec le même grand couteau : en sortiraient d'extraordinaires morceaux d'un pouce à un pouce et demi d'épaisseur, qu'on mettrait au saloir le plus rapidement possible et qui serviraient de menu principal tout au long de l'année qui suivrait. Superbe goût du lard, proche de celui des amandes…

Enfin, les femmes de la famille récupéreraient par la suite toutes les autres graisses inutiles et les conserveraient pour en faire quelques jours plus tard un excellent «savon du pays», à base de caustique mêlé à la graisse.

Noël 1837 :
LA MESSE DE MINUIT

En dépit de ces rituels bien connus et toujours fascinants et de toutes ces occupations incessantes et harassantes, Noël 1837 trouva les habitants de Saint-Antoine — dont les Marchesseau — dans une atmosphère quelque peu morose. En plus, il neigea beaucoup dès le commencement de décembre. Il fallut donc racler et taper les routes au rouleau, pour éviter aux chevaux de trop s'enfoncer les pattes dans la neige et de se blesser. Les carrioles, quant à elles, basculaient trop facilement sur le côté au moindre vent. C'était un début d'hiver dur à tous points de vue.

La messe de minuit apporta un certain apaisement et un semblant de réconfort pour les uns et les autres. L'église rayonnait de tous ses chandeliers allumés sur les murs, ce qui y créait une atmosphère absolument féerique et envoûtante pour une unique fois dans l'année. C'était fabuleux. L'encens engourdissait les narines des participants. Les soutanes rouges des enfants de chœur réjouissaient les yeux et rehaussaient la cérémonie, de même que les chandeliers mobiles des grandes occasions à globes colorés tenus par les quatre enfants de chœur au moment de la consécration. Pour la circonstance, on sortait aussi la triple clochette au tintement si harmonieux.

La crèche, décorée de ses anges et de ses moutons, de son âne et de son bœuf, faisait ressortir, dans de la fausse neige en ouate, un petit enfant Jésus au teint rosé, dans les bras de sa mère, sous le regard plutôt langoureux de son père putatif.

L'harmonium à pédales tonitrua comme à chaque année des cantiques traditionnels. Les anges dans nos campagnes rasséréna quelque peu l'auditoire. Puis, Il est né le divin enfant, Ça, bergers, assemblons-nous, Dans cette étable et autres chants archiconnus gardèrent l'assemblée dans une forme chloroformée qui dura le temps des deux messes basses suivant la grand-messe.

Après les trois messes, chaque famille ne pouvait éviter de faire un bref arrêt devant la crèche, pour admirer le petit poupon artificiel, dont la robe frangée toute blanche faisait ressortir les joues poudrées et les boucles dorées. Les beaux bergers — et plus tard les rois mages — tout en couleurs suscitaient des ah ! et des oh ! pleins de pâmoisons, surtout des mères et de leurs plus petits enfants.

Mais de retour à la maison, il semblait que les maigres décorations reluisaient moins que de coutume dans le salon. En ce Noël 1837, les cadeaux se firent très rares.

Malgré tout, on garda le moral grâce aux réunions de famille et aux soirées entre voisins. Les pâtés de foie gras, la graisse de rôti, les tourtières en abondance, les cretons et la tête fromagée, et les tartes au sucre ou à la farlouche comblaient en partie le vide intérieur que tout un chacun ressentait.

Quand on y pensait un peu, plusieurs habitants de Saint-Denis n'étaient-ils pas nettement moins favorisés que ceux de Saint-Antoine ?

1er janvier 1838 :
LA BÉNÉDICTION

Quand vint l'avant-midi du jour de l'An de 1838, après la grand-messe, selon la coutume, le grand-père Vilbon s'installa au bout de la longue salle de séjour, près de la fenêtre d'en avant, pour donner sa bénédiction paternelle à toute la famille élargie des Marchesseau de Saint-Antoine réunie dans la maison ancestrale. Et la famille était plus large que jamais cette fois-là, puisque ses frères François-Xavier et Thomas y étaient présents avec des membres de leurs familles, une des rares fois pendant l'année. Regardant sa descendance, femme, enfants, petits-enfants, de même que les familles de ses frères et belles-sœurs réunies à ses genoux, il sortit tout à coup des sentiers battus et les surprit par un discours bien senti, improvisé mais admirablement ajusté aux circonstances.

«L'heure est grave, commença-t-il. Nous devons conserver nos valeurs coûte que coûte. Notre religion, notre langue, notre charité les uns pour les autres. Les jeunes enfants, taisez-vous ; arrêtez de jouer et venez écouter ce que je suis en train de dire. Ce qui compte, c'est ce en quoi on croit fermement. Nous devons nous aimer, nous entraider, nous supporter. Être Canayen, ça veut dire avoir des valeurs, des valeurs humaines et des valeurs religieuses : ça veut dire travailler en toute honnêteté, lutter pour ce qu'on croit être vrai, essayer de répandre un peu plus d'égalité dans le monde, être juste avec les autres, ne pas tricher ou voler. Et à la base de tout, c'est notre religion et notre langue française qu'on doit sauvegarder et répandre coûte que coûte. Pas de langue française, pas de religion ; pas de religion, pas de langue française. C'est à chacun de nous de rester fidèle à ces valeurs, à chacun de faire son chemin dans la vie selon ces croyances-là. C'est ce que je vous souhaite de tout cœur pour les années qui nous attendent, alors qu'on ne connaît pas l'avenir. C'est là-dessus que je fonde ma bénédiction pour une bonne année 1838, au nom du Père, et du Fils et du Saint-Esprit. Amen. »

Tout le monde était resté un peu bouche bée. On savait le grand-père Vilbon instruit et fin causeur, à la fois sage et patriote. On le découvrait extrêmement fier de ses racines, et surtout de sa langue française et de sa religion catholique. Les adolescents et jeunes adultes en restèrent fortement impressionnés et ne furent pas prêts d'oublier ce discours-là. Il allait trouver écho bien des années plus tard dans la vie de Damien et de ses frères.

Et en ce jour de l'An un peu spécial, malgré les bons et mauvais souvenirs de 1837, les tapeux de pied ne purent résister à sortir les violons ; et tout le monde dansa les sets carrés, profitant du fait que les Canadiens se voyaient octroyer par le curé — seulement durant ce moment privilégié — la permission de danser. On s'émoustilla avec les meilleurs chanteurs et chanteuses, surtout dans les chansons à répondre. On raconta plein d'histoires drôles, dont certaines plus ou moins «catholiques». Enfin, le «petit caribou» et le gros gin coulèrent à flots réguliers dans les gosiers, surtout masculins.

Mais il continuait de flotter dans l'air un arôme comme qui dirait malsain. Personne ne souhaitait trop aborder le sujet des batailles des patriotes, l'une gagnée, les autres perdues; pourtant, en même temps, on ne pouvait passer à côté d'une question encore aussi brûlante d'actualité dans la région. D'autant qu'un membre de la famille manquait au rassemblement cette année: le cousin Siméon, de Saint-Charles.

Finalement, comme bien l'on pense, ça discuta ferme dans les chaumières des Marchesseau. Plus souvent que de coutume, sitôt les danses interrompues, on aboutissait à des palabres pas toujours de bon ton entre les hommes, le petit caribou aidant. Autre lieu d'accrochage: dans la cuisine, entre les femmes qui lavaient et essuyaient la vaisselle.

1er janvier 1838 :
L'IMPASSE POLITIQUE

Immanquablement, c'était aussi à prévoir, hommes et femmes croisèrent le fer à de nombreuses reprises. La tension était vive entre les deux groupes. L'occasion était belle de vider son sac. Les plus âgées, la grand-mère Marguerite et les tantes et brus présentes, reprochaient aux hommes de s'être jetés têtes baissées dans la rébellion et la lutte militaire sans avoir vraiment jaugé leurs forces. Les évêques de Québec et de Montréal avaient eu raison, rappelaient-elles, de défendre toute action militaire, étant donné la force évidente d'une armée anglaise trop bien entraînée et mieux outillée, profitant de munitions en abondance, alors qu'eux autres, pauvres «Canayens», se contentaient de vieux mousquets, de balles fondues à toute vitesse et de fourches. Les femmes craignaient manifestement pour la vie des générations qu'elles avaient péniblement mises au monde.

C'était vrai, cette supériorité militaire anglaise, concédaient les hommes, surtout Augustin, qui avait lui-même pris part au premier chef à la bataille. Mais que faire d'autre? Les conquérants de 1759 les opprimaient de plus en plus. Damien, se rengorgeant quelque peu, avançait le point de vue des jeunes, au nom de sa présence sur le terrain des hostilités, en disant qu'il ne regrettait rien et qu'il serait prêt à recommencer n'importe quand, ce qui évidemment mettait sa mère Julie au désespoir.

«Rappelez-vous, lança soudainement le grand-père Vilbon de la profondeur de ses cinquante-deux ans. Jusqu'à il y a cinq ans, on pouvait commercer librement encore avec les États, on vendait notre foin, notre grain et même nos animaux aux marchands qui passaient en bateau et qui accostaient à notre quai, ou au quai des Collette quand l'eau du Richelieu était trop basse. Qu'est-ce qui s'est produit depuis? Des marchands venus directement d'Angleterre sont arrivés à Québec et ils se sont fait octroyer par le gouverneur anglais le monopole du commerce. On commençait à se sortir un peu du trou financièrement; et voilà-t-y pas que les Anglais viennent nous couper nos entrées de fonds. On s'en va vers la ruine. Ce n'est pas pour rien que tout le monde se révolte un peu partout.

— Le vrai problème, enchaînait Augustin, c'est que nous n'avons pas vraiment de représentation politique à Québec. L'assemblée de nos représentants n'a aucune force face au gouverneur. Nous avons besoin d'un vrai gouvernement représentatif.»

Les femmes, peu au courant des choses politiques, n'avançaient pas de bons arguments à opposer à ces chinoiseries. Par ailleurs, elles pouvaient toujours mettre sous le nez des hommes les difficultés qui étaient le résultat de la victoire éphémère de Saint-Denis.

Madeleine, la femme d'Augustin justement, n'eut pas de peine à faire le tour des conséquences néfastes :

« Plein de gens en prison, des morts, des blessés qui traîneraient de la patte toute leur vie, des foyers divisés, des enfants trop vite orphelins, des amours brisées… »

Et surtout, intervint Julie, l'autre belle-sœur, la femme de Christophe junior :

« Le danger constant d'être rattrapés par les Anglais pour collaboration avec les insurgés. Déjà, on entend parler qu'il est question d'en pendre quelques-uns ; quelle horreur !

— Et Siméon, d'enchaîner Judith, sa femme venue de Saint-Charles chercher réconfort à l'occasion du Nouvel An, Siméon qui a été pincé et qui pourrit en prison… Et Augustin. Et les autres frères et cousins qui ont trempé eux aussi dans les batailles de Saint-Denis et de Saint-Charles.

— Sans mentionner le coup d'éclat de Damien, avec son drapeau, renchérit Marie-Anne Il va peut-être le payer cher. »

Julie en frissonna de peur !

En rapport au drapeau, justement, on demanda à Damien d'aller le chercher chez lui et de venir l'exhiber devant tout le monde. Ce qu'il fit bien volontiers. Il le ramena en courant quelques minutes plus tard et le présenta en se gonflant le torse bien haut.

«Il faudra que vous le cachiez dans un endroit sûr, dit l'oncle Augustin, car, si les Anglais vous prenaient avec ça dans la maison, vous n'êtes pas mieux que morts.»

C'est bien vrai, acquiescèrent les personnes présentes, ce que promit de faire Damien.

«Bientôt, il va falloir dissimuler notre argent dans nos bas de laine, sous les planchers de l'écurie», arguaient les plus vieux en reprenant la discussion.

Tôt ou tard, dans l'après-midi, on interrompait parties de cartes ou danses du salon pour revenir aux discussions, autour de la table de cuisine. C'est que celles-ci touchaient aux fibres les plus profondes des Canadiens. C'était plus fort qu'eux. Les Anglais voulaient leur enlever leurs biens et les appauvrir; ils tentaient sans cesse de récupérer leurs églises et de les faire changer de religion, sous peine d'être interdits de travailler dans la fonction publique; ils entendaient passer des lois par lesquelles tous seraient soumis à un impôt à partir de leurs revenus et de leurs réserves cachées.

Mais le fond de l'affaire, finalement, ce qui préoccupait tout le monde, c'était l'avenir: c'est ce que deviendraient les Canadiens d'ici cinquante, cent ou cent cinquante ans, soumis à un tel régime. Devraient-ils sacrifier leurs valeurs : la langue française, la religion catholique, la solidarité qui les unissait depuis les terribles années 1759 et 1763, alors qu'ils avaient été abandonnés par la France ? Une France qui les avait tellement oubliés qu'elle n'avait même pas osé envoyer quelques nouvelles ou quelque bateau que ce soit en soixante-quinze ans... C'est vrai que ça avait forcé les Canadiens à se prendre en main eux-mêmes, à penser leur destin, à prévoir leur futur.

Augustin, en homme politique fortement engagé, revenait sans arrêt sur la nécessité, justement, de mettre en place un gouvernement responsable, où les Canayens auraient vraiment leur mot à dire, alors que le Parlement d'alors n'était qu'une coquille vide, selon lui.

Entre-temps, la vie était dure et exigeante.

1er janvier 1838 :
LA CONFRONTATION HOMMES-FEMMES

Un véritable duel s'éleva alors entre les femmes et les hommes au sujet de leurs charges respectives. Marguerite, la femme de Vilbon, plutôt coite d'habitude, alluma la controverse.

«Ce sont les femmes, avança-t-elle, qui ont assuré la transmission des valeurs, au-delà des grands palabres des hommes. Qui d'autre apprenait la religion aux enfants? Qui montrait la lecture, l'écriture et le calcul aux rejetons?»

Vilbon, son mari, ne tarda pas à répliquer:

«C'est vrai, mais il faut admettre en toute vérité que les hommes aussi triment dur. Qui assume matin et soir le train des vaches, la nourriture des chevaux, des moutons, des chevreaux, des cochons, des poules et des oies? Qui trime dur, de très tôt le printemps jusqu'à tard l'automne, dans les champs, à essoucher, à épierrer, à tracer à la charrue à main des traits les plus droits possible dans la terre glaise? Qui sème au printemps, récolte le foin à l'été, moissonne et bat le grain à l'automne?

— Je vous l'accorde, acquiesça la bru Marie-Anne, d'habitude très réservée elle aussi et qui commençait à s'échauffer. Mais les femmes ont aussi d'autres charges. Qui réussit à balancer les comptes financiers de la famille, de façon à arriver serré à la fin de chaque année, tout en payant les redevances sur l'achat de la terre, sans oublier les taxes dues à la seigneurie?»

Et la cousine Judith de mettre alors son grain de sel :

«Qui s'occupe du jardin, sème, récolte, fait les conserves de fruits des champs ou préserve les légumes de subsistance dans les caveaux? Qui cuit le pain à grandes fournées? Qui s'éreinte au lavage sur les planches rudes qui laissent des plaies vives aux doigts?»

Christophe junior ne manqua alors pas sa chance de parler. Il se sentait trop vite laissé-pour-compte, lui qui était persuadé que son travail comptait beaucoup.

«N'oubliez pas de calculer les innombrables heures que nous passons à construire ou réparer des bâtiments et des clôtures, à nourrir les animaux, à les soigner, à accoupler le taureau avec les vaches et à les faire vêler. (Sa femme Julie lança alors avec un sourire en coin : "C'est si ardu que ça de faire accoupler le taureau?") Finalement, articula-t-il (pour sauver l'apparence face à cette remarque déstabilisante), n'oubliez pas tout notre travail durant l'hiver : faire le train des vaches matin et soir, monter au bois avant le lever du jour, couper de gros arbres à la hache à longueur de journée, les démolir à coups de sciotte, les transporter à la ferme par des froids terribles, puis en faire des quartiers de bois fendus à la hache. »

Julie ne se laissa pas démonter ; tout en accordant leur crédit aux hommes, elle compléta le portrait :

« Qui file l'étoupe, tisse les couvertures, coud les vêtements, raccommode bas et mitaines, essuie le nez des enfants grippés ou prend soin de ceux qui sont atteints par la maladie ? Qui prend soin des vieux ?

— Mais attention, ce n'est pas tout, enchaîna alors Augustin. Scier la glace sur la rivière pour alimenter les glacières l'été suivant, quel dur travail pour les hommes : retirer les gros morceaux des eaux glacées et les empiler dans des hangars entourés de bran de scie, à l'abri des arbres, ouf, quelle énergie cela prend ! Sans parler des meubles faits maison, des jouets pour les enfants, tous réalisés dans les rares temps libres… »

Les uns et les autres admirent, somme toute, qu'ils avaient tous raison.

Mais on revenait toujours à la même question : toutes ces énergies folles dépensées du matin au soir par hommes et femmes, du printemps à l'hiver, tout cela, pour quel avenir? Qu'est-ce qui attendait les Canadiens dans les années qui suivraient? Dix métiers, autant de misères? Le pain blanc pour les riches Anglais en ville, le pain noir pour nous autres en campagne, commentaient Damien et les autres jeunes adultes, de plus en plus impatients d'agir.

« Allons-nous pour toujours trimer dur pour à peine survivre sur nos terres, pendant qu'en ville les nôtres deviendront les cireurs de bottes des riches, des nègres blancs d'Amérique, des citoyens de deuxième ordre?» ponctuait Augustin.

Y avait-il des moyens de changer cela? Des moyens non violents, précisaient les femmes…

1ᵉʳ janvier 1838 :
LA RELIGION ET LES CURÉS

Et là, on retombait invariablement sur… la religion. Car, n'était-ce pas la religion qui en fin de compte garantissait le fondement de toutes choses, et surtout de toutes les autres valeurs : langue française, famille, amour, patrie, paix, récompense dans l'au-delà, etc. ?

Tout le monde ne s'entendait pas sur ce que certains prédicateurs proposaient comme la panacée et l'idéal, à savoir le sacrifice. Se sacrifier sur la terre, cette «vallée de larmes», afin d'être récompensé au ciel, affirmaient plus d'une femmes qui y croyaient ferme. Peut-être avaient-elles un peu raison, ne voyant leur vie sur terre que comme un long calvaire d'un repas à l'autre, d'un lavage à l'autre, d'un repassage à l'autre, d'une naissance à l'autre…

«Les riches ne devraient pas aller au ciel», affirma même l'une des plus catholiques et zélées du groupe, Marie-Anne, la bru de Vilbon.

Ce qui laissait sceptiques bien des hommes et des femmes plus ambitieux dans la vie !

Mais tous s'entendaient au moins sur l'essentiel : être catholique, être francophone, vivre une bonne vie.

«Être catholique, défendait Marie-Anne, c'est croire à certaines valeurs que je vais tâcher de vous résumer : Dieu, Jésus-Christ, la Sainte Vierge. C'est aller à la messe le dimanche ; se faire baptiser, se marier et se faire enterrer à l'église ; faire ses Pâques. C'est clair. Ça se base sur le fait qu'il faut coûte que coûte aller au ciel après sa mort, et ainsi éviter l'enfer. Et, pour éviter l'enfer, ce qui compte, c'est de fuir les péchés, surtout les péchés mortels (le sexe principalement, mais aussi trop de boisson forte, de même que les sacres).

— Ça veut dire, en plus, de compléter Augustin, bien faire son travail, respecter les autres, se réaliser dans son devoir d'état (comme on dit), ne pas voler, ne pas courir les femmes de mauvaise vie, dépanner les autres dans la détresse, payer sa dîme, s'occuper de ses vieux parents sans jamais les laisser à eux-mêmes (aussi malcommodes ou retombés en enfance peuvent-ils devenir), bien éduquer les enfants, faire des enfants…»

Oh là là ! Quand on en arrivait à ce sujet précis — de faire des enfants —, ça commençait à barder dans la cabane. On envoyait vite les vrais enfants jouer dehors.

1er janvier 1838 :
LE SEXE

Il devenait clair que les relations sexuelles hommes-femmes ne logeaient pas toujours au beau fixe.

« Les hommes en veulent toujours — jaspinaient toutes les femmes; ils n'en ont jamais assez! »

D'autant qu'il s'agissait de plaisirs cachés sous les couvertures, à peine tolérés par le curé. C'était comme le désir de braver un interdit.

Pour les hommes mariés, c'était le contraire : les femmes ne voulaient jamais, n'étaient jamais facilement consentantes, ne semblaient jamais heureuses des relations intimes.

Et les femmes de se défendre de bien des façons, quelquefois avec ironie, d'autres fois avec acrimonie :

« Qui a à subir les règles chaque mois, avec tous les inconvénients que cela représente? interrogeait une Marie-Anne plus impliquée que jamais.

— Qui porte les bébés, avec le mal de cœur, tout en continuant d'assumer toutes les tâches domestiques et le travail des jardins? avançait Julie, la belle-sœur.

— Qui risque sa vie chaque fois qu'un bébé va naître?» lança tout à coup la grand-mère Marguerite.

Tout le monde savait bien qu'à l'époque, une femme sur cinq mourait dans les douleurs en couches. Les hommes baissaient alors la tête, tout penauds, plusieurs d'entre eux ayant vécu personnellement la pénible chose de très près dans leur famille, pour leur mère ou leur femme.

«Qui allaite le nouveau-né, le torche pendant des mois, lui apprend à parler, forme son jugement, l'éduque, alors que le père est constamment absent de la maison, parti dans les champs ou au bois ou à la grange?» demandèrent toutes les femmes à la fois, s'arrachant la parole l'une à l'autre.

Et une Julie agressive de lancer:

«Et voilà que le mari veut encore et toujours des relations intimes… qui résultent dans une nouvelle naissance! Et un enfant après l'autre. Et les enfants malades, et combien d'enfants morts: qui veille sur eux pour les guérir, ou pour les voir s'étioler et leur fermer les yeux?

— Des enfants, des enfants! Les curés n'ont que cette parole à la bouche, commenta Madeleine, la femme d'Augustin. Ne vous refusez pas à votre mari; il le mérite, disent-ils; il travaille fort pour vous faire vivre. C'est la volonté de Dieu. La femme doit se soumettre à son mari, partout et surtout dans les relations intimes…

— Ce ne sont pas eux, les curés, qui portent ensuite les conséquences!» s'écrièrent en même temps la bru et la belle-sœur.

Mais d'autres, dont la grand-mère, protestaient. «Taisez-vous, on ne parle pas mal de même du prêtre, c'est le représentant du bon Dieu sur terre. C'est sûr que Dieu parle par sa bouche.»

Et Madeleine de répliquer sans vergogne : «Ils n'ont pas toujours la bouche propre, les curés...»

Et le ton montait.

Mais faire des enfants pour quoi faire, pour quel avenir? finissait-on toujours par remettre sur la table, se rapprochant de la question sous-jacente à tous les jaspinages et à toutes les incertitudes.

«Les curés prônent des familles nombreuses parce qu'ils veulent que les "Canayens" ne disparaissent pas de la carte justement, osèrent affirmer Thomas et François-Xavier, vite soutenus par le grand-père Vilbon et Augustin. C'est notre plus sûr moyen de gagner contre les Anglais : faire des enfants, et en faire encore et toujours plus.

— C'est vrai, appuyèrent Côme et Damien, les deux frères plus délurés. Ils veulent nous asphyxier, nous rayer de la carte? Notre revanche, c'est de faire tellement d'enfants que nous les surpassions pour de bon. Continuons à construire encore des berceaux!»

Plusieurs femmes se regardèrent, avec une moue significative, qui en disait long sur le manque d'expérience de ces jeunots.

« Et un jour, nous pourrons nous répandre partout en Amérique, jusqu'en lointaine Louisiane, répliqua un Vilbon tout feu tout flamme ; répandre la langue française et étendre la religion catholique. »

Et Augustin de corroborer cette vision avec humeur.

À cela, personne ne savait trop quoi répondre. Damien, quant à lui, suivait tous les dédales de l'échange et se positionnait clairement en affirmant que c'était de notre devoir de répandre notre civilisation partout.

« C'est vrai, confirma Augustin, qu'après tous les efforts consentis depuis les débuts de la colonie pour implanter la langue française en Amérique, il ne faut pas tout laisser tomber si facilement ; il faut engendrer des petits francophones qui vont envahir peu à peu le continent et répandre la civilisation française, la meilleure de toutes sans l'ombre d'un doute. »

Mais cela n'allait pas se faire sans douleurs, surtout pour les femmes…

Quant à répandre la religion catholique, n'était-ce pas le but même visé par l'Église ?

« N'est-elle pas la meilleure religion de toutes dans l'univers, à n'en pas douter ? » s'exclama Judith.

Pour tout le monde, il apparut donc crucial de faire tache d'huile. D'envahir lentement mais sûrement les territoires protestants pour lutter contre leur barbarie (ne disait-on pas que certaines églises de « mitaines » servaient de lieux de sacrifice pour des petits bébés ?). Il importait d'annoncer la foi à tous, d'apporter la civilisation catholique, de promouvoir l'importance du pape pour le salut du monde entier. Et patati, et patata…

Et l'on relançait une nouvelle danse. Et l'on se remplissait la panse.

Les soirées passaient vite à ce rythme, en ce temps des Fêtes au tournant des années 1837-1838. Jamais n'avait-on connu un tel bouillonnement d'idées. Jamais n'avait-on aussi souvent arrêté brusquement de rire, de boire ou de manger, sentant le danger qui guettait l'avenir de la famille, de la paroisse, de tous les Canadiens. Comment refuser d'en discuter ?

On mangeait et on buvait avec l'angoisse imperceptiblement incrusté aux reins. « Un autre repas de pris que les Rouges n'auront pas », se disait-on souvent en guise de consolation ultime. Ce qui donnait lieu à une nouvelle effervescence d'opinions.

19 février 1838:
L'ARRIVÉE INOPINÉE DU COUSIN

On avait bien raison de s'inquiéter. Les rébellions contre les Anglais se répandant un peu partout, jusqu'au Haut-Canada, entendit-on dire, la chasse aux patriotes battait son plein au Canada français en ce début d'année 1838. Les autorités britanniques savaient qu'un groupe de militants plus résistants tentaient par tous les moyens d'engager les États-Unis dans une guerre qui aurait pour effet d'aider les Canadiens à proclamer une république indépendante, séparée de l'Angleterre. C'est pourquoi elles réagirent avec vigueur. Ce fut le temps des déportations, et on craignait peut-être même un jour… des pendaisons.

Les Marchesseau se sentaient particulièrement sur les nerfs et vulnérables. Ils avaient été nombreux dans la famille à s'engager dans la lutte depuis longtemps. Augustin au premier chef, capitaine de milice de Saint-Antoine (comme son père), qui n'avait cessé de participer à d'innombrables assemblées populaires pour rallier les forces patriotes partout dans la vallée du Richelieu. Mais il n'était pas le seul. Ses frères et demi-frères Thomas, Isaac et Moïse, aussi forgerons de métier, avaient été fort actifs, sans compter évidemment Vilbon et sa femme.

Vilbon restait songeur du matin au soir, et sa Marguerite faisait de même. Ils possédaient la ferme ancestrale. Donc, les espions anglais se présenteraient tôt ou tard chez eux. Ils vivaient ainsi plus que jamais dans l'angoisse et sur des charbons ardents. Que se préparait-il pour eux ? Les Anglais surgiraient-ils de but en blanc en cognant à leur porte un beau matin ?

Par ailleurs, Augustin et Damien avaient été identifiés bien clairement comme des patriotes, surtout Augustin, qui avait été aux premières lignes de tir de la bataille de Saint-Denis.

À la plus grande surprise de tous, ce ne furent pas les Anglais qui apparurent le mardi 19 février 1838, mais plutôt le neveu et cousin Antoine-Isaac Marchesseau, le fils de leur demi-frère Isaac, de Saint-Hyacinthe. Il arrivait tout droit de Montréal, où il venait de terminer son cours de médecine au Montreal Medical Institution tout neuf de l'Université McGill. Donc, un jeune homme bilingue très brillant et fort instruit pour la moyenne des gens de l'époque.

La bienvenue fut plus que chaleureuse. On délégua immédiatement des jeunes pour avertir les deux autres familles les plus proches, celle de Christophe junior et ses grands enfants (Damien se trouvait directement impliqué) ; et celle d'Augustin, au bout du rang.

Une fois tout le monde arrivé, Antoine-Isaac les mit au courant des dernières nouvelles concernant les affrontements entre les Canadiens et les Anglais à Montréal et ailleurs. Ainsi, même s'il avait étudié à l'Université McGill chez les anglophones, Antoine-Isaac s'était vite lié d'amitié avec tous les autres francophones de l'institution, formant avec eux un groupe de contestataires en affrontement très régulier avec des provocateurs anglais; il était un de leurs leaders.

Les questions fusèrent, les échanges se prolongèrent jusqu'à tard dans la nuit. Malheureusement, les renseignements ne favorisaient pas l'optimisme. Ainsi, Antoine-Isaac avait appris par des amis de sa mère que son père Isaac venait tout juste d'être arrêté à Saint-Hyacinthe, la veille. Donc, qu'il fallait s'attendre à d'autres arrestations de Marchesseau sous peu, puisque toute la famille s'était fortement compromise avec la rébellion. Ce fut la consternation.

Et la grande famille découvrit à son corps défendant que ces nouvelles s'avéraient encore plus stressantes que ce qu'elle imaginait, puisque justement leur neveu et cousin arrivait chez eux à l'improviste pour leur demander asile, pour se cacher.

C'est qu'en fait il venait de s'enfuir de la grande ville de Montréal, ayant appris que les Anglais le recherchaient activement lui aussi pour le jeter en prison à cause de ses affiliations trop partisanes. Évidemment, il valait mieux qu'il ne se présente pas à Saint-Hyacinthe, où sûrement il se ferait coffrer rapidement. De plus, il ne tenait pas à mettre sa mère dans l'eau bouillante, étant leur unique enfant. C'est pourquoi il était là.

Quel cauchemar! Non seulement des membres de la famille avaient-ils participé à la rébellion à Saint-Denis et à Saint-Charles, mais Siméon avait été fait prisonnier, et maintenant un de leurs demi-frères était aussi arrêté et son fils s'en venait trouver refuge chez eux parce qu'il était poursuivi par les Anglais… Vraiment, les perspectives se révélaient moins réjouissantes que jamais.

Il fallut alors penser quoi faire pour contrer une probable visite impromptue des espions proanglais. Comment s'y préparer?

D'abord, où pourraient se cacher les trois compères, Antoine-Isaac, Augustin (qui avait sa ferme et sa famille à deux milles plus au nord), et Damien, qui restait à quatre maisons de la ferme ancestrale? Les granges, c'était trop facile vraiment. Ils iront là tout droit, et les leurs seraient difficiles à protéger même en les dissimulant dans le foin du fenil. La «grange du large», presque au bout de la ferme ancestrale? C'était déjà mieux. Mais n'importe quel œil averti apercevrait vite cette deuxième grange au loin et exigerait d'y faire une visite impromptue. La ferme d'Augustin? Ou celle de Christophe junior? Le problème se répéterait là aussi. Décidément, il fallait se montrer plus inventif.

Une solution envisageable, proposa Augustin, ce serait d'aller vivre quelques jours chez d'autres voisins à l'extérieur de notre famille, et de rester tranquilles quelque part sur leur propriété. Mais quels voisins?

«Les plus proches de nous, sur le même rang de maisons, étaient aussi impliqués dans la bataille de Saint-Denis, lui fit remarquer avec justesse le jeune Côme, dans la vingtaine; ce serait les mettre en danger. C'est trop risqué.»

C'est encore une fois son frère Damien qui se distingua par une idée originale.

«Nous avons "l'îlet", notre petit boisé situé ici sur la ferme ancestrale pas très loin de la "grange du large". On s'est amusés depuis plusieurs étés à y bâtir une cabane rudimentaire mais pas si mal foutue. Nous pourrions monter là et rajuster les branchages, les solidifier, les arrimer et en faire un bon repaire. L'intérêt, c'est que le boisé de "l'îlet" est tellement dense que la petite cabane en deviendrait quasi impossible à repérer. Il suffirait qu'on nous apporte à manger une fois par jour.

— C'est là un problème, déclara Vilbon à son neveu. Si on monte aux champs en plein hiver avec de la nourriture dans un panier, on risque gros d'être aperçus.

— Ouais, réfléchissait Augustin. On pourrait peut-être s'entendre avec nos voisins du rang de l'Acadie, au bout de nos quarante arpents. Ils nous prépareraient à manger. On les remboursera plus tard en nature. On pourrait en parler à la famille Cormier, par exemple. De toute façon, on irait se cacher dans "l'îlet" seulement si on entend dire que les Anglais ou leurs espions s'en viennent. Leur présence ne devrait pas durer trop longtemps, un jour ou deux tout au plus.»

Cette proposition rallia un peu tout le monde, quoiqu'elle demeurât dangereuse, surtout pour Augustin qui restait à l'autre bout du rang, car elle supposait que des gens avertissent à temps les Marchesseau que le danger s'en venait. Les espions n'annoncent pas souvent à l'avance leur venue…

Le jour suivant, on monta à «l'îlet». Ce ne fut pas très difficile pour les quatre grands gars de chez Christophe junior de rafistoler un petit refuge bas, et même de boucher les trous avec de la neige tassée, presque en forme d'igloo. On entoura la «cabane» de beaucoup de branchages, ce qui la dissimulait complètement aux regards. On apporta du bois sec à l'intérieur, pour éventuellement se chauffer si la nuit était trop froide. Comme on se trouvait déjà dans la deuxième moitié de février, on espérait que le temps ne se montrerait pas trop rude... évidemment s'il était nécessaire d'utiliser la cachette. Heureusement, une belle neige fraîche recouvrit immédiatement les traces des préparatifs.

On passa le reste de la semaine à se détendre, à pelleter la neige qui ne cessait de tomber en petits flocons aériens, à nourrir le poêle à bois de la maison.

Damien restait longtemps à la maison ancestrale avant de retourner chez ses parents le soir. Son grand cousin médecin le fascinait. Mais surtout Antoine-Isaac apprit aux gens de la place un nouveau jeu de cartes, qui faisait conquête dans le Montréal chic. Bien rapidement, on délaissa le «500», trop simpliste, pour varier quelque peu avec des approches plus exigeantes : le poker. À ce jeu, la semaine passa très vite.

27 février 1838 :
LA VISITE DES «VENDUS»

Le dimanche suivant, le 24 février, on demanda au sacristain — qui à titre de bedeau proclamait les nouvelles après la grand-messe — de faire une annonce sur le perron de l'église. Solennel, il monta avec assurance sur le petit banc en bois à trois marches et cria très fort :

«Attention, mesdames et messieurs, j'ai pour vous aujourd'hui une demande spéciale très importante! Vous savez que plusieurs d'entre nous ont lutté à Saint-Denis contre les Anglais. Il paraît que ceux-ci, avec l'aide de quelques espions "canayens", tentent d'attraper des gens de par ici pour les jeter en prison (il y eut des huées). Si vous voyez rôder des étrangers dans les parages, venez nous le dire au plus vite, au curé ou à moi-même, pour qu'on puisse avertir les gens en danger. Merci pour ce service important que vous rendez à nos familles de la paroisse.»

Le mot d'ordre de surveillance ayant été donné, tout un chacun du village fut sur le qui-vive : les vieilles filles derrière leurs rideaux de fenêtres ; les hommes mûrs attentifs aux deux bouts du village dans les deux magasins généraux.

Aucun mouvement suspect durant les deux premiers jours. Puis, au beau matin du 27 février, arrivèrent des figures inconnues, qui s'arrêtaient un peu partout pour demander des renseignements. Cela déclencha l'alerte. Le bedeau en personne vint immédiatement en boghei dans les chemins neigeux avertir les Marchesseau en arrêtant chez Vilbon. Puis, il continua d'urgence chez Augustin. Celui-ci disparut presto chez l'un de ses voisins, à Saint-Roch, en laissant à sa femme et aux enfants la consigne de dire qu'il était parti visiter quelqu'un.

Entre-temps, on avait vite rassemblé quelques vêtements et des vivres pour au moins deux jours, pour que les deux Marchesseau proches de la maison ancestrale, Antoine-Isaac et Damien, qu'on croyait dans la mire des espions, puissent aller se terrer. Ils partirent donc à toutes jambes vers leur cachette, en emportant avec eux des branches de sapin, des couvertures de fourrures et des draps en laine. Pour éviter tout soupçon, ils passèrent par la terre située du côté nord de la leur, celle des Girouard, et arrivèrent à leur nouveau logement improvisé en environ trois quarts d'heure.

Il était temps. Une grosse voiture noire attelée à un cheval brun foncé passait devant chez eux et allait s'arrêter... chez leurs cinquièmes voisins, les Bourgeois. À la stupéfaction de toute la maisonnée, deux espions «canayens» descendirent, se présentèrent et demandèrent à rencontrer Lévy Bourgeois. Lévy? «Mais il est mort!» Ils partirent à rire... incrédules. «Allez au cimetière, vous trouverez sa tombe à gauche de l'allée centrale.» Les espions furent désarçonnés. Ils retournèrent à la grosse voiture, parlementèrent longuement (on comprenait mal ce qu'ils disaient, malgré le fait qu'une femme eut entrouvert une fenêtre; ils devaient parler en anglais avec quelqu'un).

Les deux revinrent et menacèrent les habitants de la maison de leur faire de la misère s'ils s'obstinaient à cacher des renégats ayant lutté contre l'armée britannique. Les Bourgeois ne purent que leur répéter que Lévy reposait calmement au cimetière, qu'ils aillent donc par eux-mêmes s'en rendre compte. «Demandez au bedeau, leur dirent-ils; il vous guidera sur sa tombe.»

Devant tant de ténacité spontanée, les deux visiteurs s'excusèrent, en disant (pour ne pas perdre la face) qu'ils reviendraient si ce qu'on leur avait dit ne correspondait pas à la réalité. Ouf! s'exclamèrent les habitants.

Mais à la dernière seconde, juste avant de remonter en voiture, l'un des deux revint à la course pour demander: où est la maison des Marchesseau? Tout le monde sursauta. S'il fallait que ces derniers n'aient pas été prévenus à temps... Difficile ici de mentir: c'est la quatrième maison vers le sud, accompagnèrent-ils la parole d'un geste de la main. Ils oublièrent d'instinct la résidence de Christophe junior. Le traîneau ne prit que deux minutes à atteindre ces voisins. Les deux hommes qui en descendirent tentèrent de parler aux enfants dehors. Puis, ils se pointèrent vers la porte d'entrée de côté.

«Nous cherchons Antoine-Isaac Marchesseau, dirent en brève introduction les deux "étranges" en passant la porte. Les enfants nous ont dit qu'il était venu ici.

— Antoine-Isaac? dit le grand-père Vilbon, qui dut penser vite… Oui, il est venu ici nous visiter il y a un mois, mais il est reparti pour Montréal depuis trois semaines.

— C'est faux, dit le plus grand. Des gens de Saint-Antoine l'ont rencontré par ici dernièrement, ils nous l'ont certifié.

— Dites-nous où il se cache, sinon on vous embarque tous pour la prison», tonna le deuxième.

La menace apparut tout de suite démesurée.

«Il n'est pas ici», répliqua le grand-père Vilbon, d'un ton sec, excédé de devoir tenir tête à ces deux «Canayens» vendus aux Anglais.

La mère habilla ses petits rapidement et tout le monde (sauf les hommes) sortit dehors rejoindre les autres enfants. On craignait ceux-ci, parce que parfois ils ont la langue trop bien pendue en ces circonstances. On envoya cependant un jeune d'une douzaine d'années, en passant toujours chez les Girouard, avertir les deux menacés réfugiés dans «l'îlet» que les espions et les Anglais étaient là, donc qu'il ne fallait pas faire de feu, ce qui aurait révélé ainsi leur présence.

Incrédules devant les réponses sèches du grand-père Vilbon, les deux personnages exigèrent de visiter méthodiquement chacune des pièces de la belle maison ancestrale toute récente, reconstruite en 1828 sur les fondations de l'ancienne maison de pierres. Ils furetèrent un peu partout, ouvrant ici les commodes, fouillant là dans les garde-robes (pourtant peu nombreux).

La grande cuisine, d'un seul tenant avec sa salle de séjour, à gauche du rez-de-chaussée, était facile à explorer. Le poêle à bois ronronnait à droite de la pièce, appuyé sur un mur protégé contre la chaleur. Des chaises droites et berçantes tressées à la main servaient d'accessoires de repos autour d'un tapis tressé qui assurait chaleur aux pieds en plein hiver. Des armoires à linge, à vaisselle et à verrerie complétaient le tableau.

En tournant à droite, on passait au petit vestibule de la porte avant, puis au grand salon fermé presque à longueur d'année, avec ses rideaux vert satin foncé à l'ancienne et ses lampes à l'huile à double globe peint à la main, ses sofas décorés de coussins brodés, ses cadres ovales des ancêtres de la famille peints dans des positions surréalistes sur fond vert ou gris-brun, ses chaises à velours bourgogne et vert qui se voulaient huppées. Ce qui impressionnait le plus, cependant, c'était de passer sous l'arche d'entrée à colonnes, avec des tentures qui tombaient de biais, retenues par des galons dorés au bout desquels pendaient des glands superbes, eux aussi dorés.

Les deux visiteurs trouvèrent alors une porte au fond du salon :

«Ah, ah! Ce doit être là qu'il se cache», dit le plus petit.

Ils pénétrèrent dans une minuscule chambre dont on vérifia tous les recoins : rien sous le lit, rien dans le garde-robe de coin.

En tournant à droite, ils entrèrent ensuite dans la chambre des maîtres. Sobre, elle ne livra que quelques tiroirs et un garde-robe rustique et tout simple, les belles hardes se faisant rares en ces temps-là.

Les visiteurs demandèrent à monter à l'étage. Dans une première chambre à gauche, ils trouvèrent deux lits à deux places, et une toute petite armoire pour serrer du linge de corps : c'était la chambre des plus jeunes garçons. La chambre du milieu, quant à elle, regroupait un lit à deux places et un lit simple, pour les filles. Les deux visiteurs s'y firent prendre à se heurter lourdement la tête aux madriers qui servaient de poutres de soutien pour la triple lucarne : on entendit alors quelques sacres bien sentis qui firent dresser les cheveux poivre et sel sur la tête de la grand-mère Marguerite. La troisième chambre, celle du sud, servait aux plus grands adolescents, avec en prime une armoire un peu plus spacieuse, dans laquelle tous les gars de la maison mettaient le peu de « vêtements du dimanche » dont ils avaient possession.

Mais attention, sur le corridor du haut, une porte donnait au nord-ouest.

« Que se cache-t-il là ? » grogna le plus grand.

Ils l'ouvrirent avec curiosité et y découvrirent... plusieurs choses, mais pas les personnes qu'ils recherchaient. D'abord, il y faisait très froid et humide en ce 27 février, la pièce n'étant pas chauffée durant l'hiver. Elle faisait toute la longueur de l'arrière de la maison sous le toit. Ils montèrent vite les marches qui leur permirent de jeter un coup d'œil au contenu qui était logé au-dessus du corridor et des chambres.

« Ne marchez pas là-dessus, sinon vous allez passer à travers le plafond, cria Vilbon.

— Bien sûr, le père, on n'est pas fous.» C'était le lieu du bric-à-brac, de tout ce qui pouvait avoir une certaine valeur: les clochettes à attacher aux rênes des chevaux durant les Fêtes, des fanaux de tous styles pour la grange ou pour les bogheis, des oignons et des grappes d'ail suspendus au plafond, des gerbes d'herbes séchées, et tant d'autres objets hétéroclites. Sur le plancher se retrouvaient deux rouets, un dévidoir, de la laine en balles et en écheveaux, un métier à tisser et des accessoires pour le tissage, une vieille planche à laver et maintes autres bricoles du même style. Enfin, au fond, ils remarquèrent des treillis et tiroirs servant à organiser des ruches d'abeilles. Rien de vraiment intéressant pour eux. Une souris leur glissa entre les jambes. Ils sursautèrent… et ressortirent.

Puis, on visita la cave. Pendant que le plus petit prenait l'escalier du sous-sol, l'autre resta en haut de la porte pour éviter que leur suspect ne se dérobe de quelque façon en courant à l'étage du haut. La visite dans la cave en terre battue fut brève: il n'y avait strictement rien dans la première partie sauf le carré de patates (d'où encore une fois une souris s'échappa), tandis que la deuxième partie ne contenait que les pots de conserve répartis sur des étagères aérées.

On sortit de la maison et on se dirigea alors vers les bâtiments. Le plus petit resta proche de la porte d'entrée pour surveiller tout ce qui se passait autour de la grange, au cas où quelqu'un se faufilerait vers l'extérieur. Évidemment, les espions pouvaient compter aussi sur l'Anglais resté dans la voiture, dont l'œil sagace suivait tous les mouvements autour de la maison et des bâtiments. On fouilla l'étable de fond en comble, s'arrêtant à chaque crèche de foin. Cela perturba passablement les vaches et les chevaux, de même que le bœuf, énervés par l'odeur des inconnus. Puis, on fit une visite assez longue dans la tasserie à foin ; les espions demandèrent des fourches ; ils montèrent et piquèrent un peu partout dans le fenil au cas où quelqu'un se cacherait là. Sans résultat.

On passa au poulailler et à la porcherie, où les cachettes se révélèrent évidemment inexistantes. On avait visité partout, en vain.

Du regard, le plus grand des deux aperçut alors la «grange du large».

«C'est là qu'il se cache, cria-t-il à l'autre.

— Mais non, dirent les habitants ; la neige est vierge, il n'y a aucune trace. Vous perdez votre temps.»

Mais le plus grand l'avait dans la tête, il n'en démordit pas ; il en avait vu bien d'autres… Les deux espions partirent donc accompagnés de deux jeunes à travers champs, la neige leur remontant jusqu'aux genoux. Ils marchèrent ainsi près d'une demi-heure, une marche épuisante, pour découvrir à la fin une grange... vide, sauf pour quelques instruments aratoires comme la charrue et la herse.

De leur côté, les Marchesseau, de leur cachette, avaient vu monter avec appréhension le groupe des quatre marcheurs. Ils retenaient leur souffle, pour éviter même toute buée apparente. Ils les virent disparaître dans la grange et ressortir peu après; les deux Montréalais s'assirent quelques instants sur les pierres servant de supports aux portes (qu'ils attrapent les hémorroïdes, souhaita le jeune médecin intérieurement!), puis ils repartirent, l'air las et épuisé, suivis des deux garçons. Tant mieux qu'ils ne nous aient pas trouvés, se dirent-ils tout bas, après que le cortège se fut lentement effacé vers les bâtiments principaux dans la grisaille de la neige.

De retour devant la maison, les compères espions allèrent discuter longuement avec leur patron, toujours enfermé dans sa grosse voiture noire. Les échanges semblèrent vifs. Ils revinrent ensuite à la porte principale et apostrophèrent Vilbon et son fils Cléophas.

«Nous savons que des gens que nous recherchons se cachent par ici. Nous en avons les preuves. Ce n'est qu'une première visite. Nous reviendrons bientôt, à l'improviste, et nous les capturerons», finirent-ils par dire.

Sûr de son fait (les deux Marchesseau cachés n'ayant pas été trouvés), Vilbon en profita pour les narguer :

«Vous pouvez bien, vous les gens de la ville qui vivez aux crochets des Anglais, venir troubler la paix dans nos campagnes, claironna-t-il ; retournez donc en ville lécher les bottes des Anglais qui vous engagent et laissez-nous vivre notre vie tranquilles.

— C'est une insulte que nous vous ferons payer cher, le père, répondit le plus petit. Vous ne savez pas à qui vous parlez, et vous ne savez pas qui est dans la voiture. Ça vous coûtera cher un jour ou l'autre, le bonhomme ! Il y a d'autres Marchesseau sur la liste, et plusieurs !»

Et ils retournèrent vers la voiture, qui vira de bord et disparut bien vite dans le décor, en tournant à gauche vers le nord, malgré les chemins impraticables.

«Ouf ! On l'a échappé belle, reprit Cléophas. Mais pourquoi l'avez-vous provoqué comme ça à la fin ? Ils vont revenir. On va être sur le gros nerf tout ce temps-là.

— Comment voudrais-tu garder ton calme avec ces bandits-là, ces lèche-cul, ces vendus, ces... (Les mots lui manquaient.)

— Calmez-vous, le père, je ne voulais pas vous insulter. Moi aussi, je les considère vendus.

Mais ce n'était pas la place pour le leur dire, il me semble.

— On en reparlera plus tard.»

La conversation fut ainsi coupée court.

Tout à coup, on réalisa que la voiture devait se diriger soit chez Christophe junior, soit chez Augustin. L'angoisse leur serra les tripes à tous.

On envoya des jeunes vers le trécarré, pour avertir que les espions des Anglais avaient quitté les lieux... mais qu'ils pourraient se pointer encore n'importe quand. Les joyeux lurons, de leur cabane, crièrent aux jeunes de loin qu'ils préféraient rester ainsi dissimulés au moins jusqu'au lendemain, histoire d'éviter de se faire pincer si les vendus revenaient derechef faire leur tour. Ils avaient de quoi manger; leur hutte les protégeait assez bien, d'autant qu'il ne faisait pas si froid que cela. Ils avaient le goût de vivre une nuit dans la nature... et de ne rien risquer. Entre-temps, ils jouaient au poker.

Bien leur en prit. La voiture anglaise revint du bout du rang trois quarts d'heure plus tard et les lascars proanglais envahirent à nouveau la place. La visite fut plus courte, cette fois; ils connaissaient tous les coins et recoins. La grange fut mieux scrutée que la première fois, sans plus de résultat évidemment, même dans le fenil.

Comme les visiteurs retournaient bredouilles à leur voiture, le grand-père leur lança un défi plein de nargue:

«Hé! Vous oubliez d'aller visiter la grange du trécarré!»

Et il accompagna sa parole d'un magnifique sourire un peu édenté.

«Prends ton trou, le vieux pépère. Fume ta pipe en attendant. Bientôt, on va revenir. Et tu te feras prendre cette fois-là les culottes baissées. On les attrapera, nos oiseaux. Ils ne perdent rien pour attendre.»

On se montra plus prudent cette fois. On attendit longuement avant d'avertir les gens de «l'îlet». Les campeurs gardèrent tout de même leur idée de coucher dans leur cabane, ou presque à la belle étoile…

Mais les Marchesseau si heureux de coucher dans leur «îlet» revinrent tôt le lendemain avant-midi, ayant trouvé un peu trop exigeante une nuit passée dans la hutte improvisée. C'est beau l'été, c'est facile à faire en plein jour, quand le soleil réchauffe l'atmosphère. Ça devient un peu long après quelques heures de noirceur, concédèrent-ils. Et le pire, ce fut le matin, à l'arrivée de la rosée. Brrr! pas chaud du tout de coucher «sous une clôture, abrillés avec une barrière!» comme disait le père du docteur.

Et faire pipi dehors en pleine nuit, ce n'est pas évident non plus.

De retour à la maison ancestrale, Damien et Antoine-Isaac retrouvèrent toute la parenté réunie, y compris Augustin et sa famille. La voiture noire s'était rendue chez lui… mais on ne l'avait pas trouvé. On avait remis un papier à sa femme Madeleine l'avertissant qu'il serait bientôt convoqué devant un juge militaire. Certes, l'alerte avait été chaude; on l'avait échappé belle. Elle laissait à tous et toutes un goût d'angoisse, car rien ne semblait vraiment réglé. Comme les espions l'avaient laissé entendre à Vilbon, ils ne perdaient rien pour attendre…

Début mars 1838 :
LE POKER BAT LE « 500 »

« Tu n'as pas bien jugé de tes cartes ici ; tu as pris une chance trop grande, expliquait Antoine-Isaac à Cléophas, car tu n'avais qu'une paire qui n'était pas assez forte, seulement des cinq. C'est mieux que rien, mais ça ne vaut pas cher face à un triplé ou à deux paires... Tu comprends ? »

Même après plusieurs jours, Cléophas ne comprenait pas encore tout à fait les subtilités du poker.

« C'est le jeu le plus à la mode à Montréal actuellement. Tous les étudiants de l'Université McGill jouent maintenant au poker. Il semblerait qu'il ait été inventé aux États il y a quelques années en Louisiane. Il serait très populaire là-bas », renchérissait Antoine-Isaac en essayant de convaincre tout le monde.

On s'était un peu détendu dans la famille Marchesseau. Le danger immédiat d'une razzia des Anglais venus sans avertir de Montréal avait donc été déjoué avec succès pour un temps. On pouvait de nouveau respirer quelque peu, mais sans trop d'esbroufe. La vie au quotidien demeurait difficile ; la tension se faisait journalière, permanente.

Le cousin, conscient du poids supplémentaire qu'il apportait dans le milieu du fait même de sa présence, avait collaboré à détendre l'atmosphère, surtout à travers son nouveau jeu de cartes. Damien devint son plus fidèle compagnon d'apprentissage ; il passait le plus clair de son temps chez son oncle Vilbon. Brillant, il saisissait le sens du jeu rapidement, distinguant assez tôt les diverses forces des cartes qu'on a en main. Ce n'était pas aussi simple pour les autres.

« Non, fulminait encore Antoine-Isaac, la *full* n'est pas plus faible que le triplé ou le brelan, c'est le contraire. »

Et il reprenait pour une quarante-septième fois ses explications en disposant les cartes sur la table.

« Le plus faible, c'est de n'avoir aucune carte pareille, ni en couleur, ni en paire, ni en suite : c'est alors la plus forte qui l'emporte ; mais ça fait pitié. Le plus fort, c'est cinq cartes qui se suivent ; on appelle ça une quinte ; 2-3-4-5-6, par exemple, c'est plus fort que trois rois et deux valets. Et si la suite est de la même couleur, c'est encore mieux. Et plus la suite est haute, plus elle est puissante. Par exemple, la plus haute qu'on peut imaginer, c'est la suite du 10-valet-dame-roi-as ; on l'appelle la quinte royale. C'est ce qu'il y a de plus fort dans le poker, surtout si c'est de la même couleur. »

Et on recommençait le jeu. Trois dames valaient-elles plus que deux paires ? On s'interrogeait avant de trouver la bonne réponse. C'était oui. Mais évidemment, un triplé-doublé (une *full*), trois 4 et deux 7, par exemple, l'emportait sans équivoque. Et ainsi de suite.

On pratiqua sans relâche, soir après soir pendant plusieurs jours. Certains se sentaient plutôt à l'aise dans ce nouveau jeu, d'autres préférèrent retourner à l'ancien « 500 », surtout les femmes.

Il faut dire qu'Antoine-Isaac avait manqué de diplomatie un soir où il voulait agrandir le cercle des participants. La femme de Christophe junior, la belle Julie à l'esprit vif et à la répartie subtile, s'était portée volontaire, amoureuse qu'elle était de tous les jeux de cartes et des jeux de patience.

« Non, pas toi, Julie, avait péremptoirement décidé le jeune médecin, qui décidément n'avait pas manifesté beaucoup de tact. Ce n'est pas un jeu pour les femmes. C'est réservé aux hommes.

— Hein ! Quoi ? Depuis quand les femmes ne peuvent-elles plus jouer aux cartes comme elles l'entendent maintenant ? avait-elle répondu avec une grimace qui en disait long sur des frustrations accumulées tout au long des ans.

— Ce n'est pas un jeu pour les femmes, réaffirma Antoine-Isaac, parce que c'est un jeu qui

112

aboutit souvent à des mises en argent. Comme tu le sais, les femmes n'ont pas d'argent pour jouer. C'est ça. C'est clair?»

Julie lui avait lancé des regards furibonds. C'était malheureusement trop vrai que les femmes n'avaient pas accès à l'argent, sauf à celui que leur confiaient leurs maris et qu'elles gardaient dans une tasse dans l'armoire pour les dépenses essentielles de nourriture de la maison pendant le mois. Elles n'avaient pas le droit à l'héritage comme les autres, ne recevant tout au mieux que le quart de ce que recevaient régulièrement les garçons. Elles ne pouvaient signer aucun document légal sans la présence et la deuxième signature de leur mari, alors que ces mêmes maris souvent ne savaient même pas signer leurs noms et devaient faire une croix; car, la plupart du temps, seules les femmes avaient appris à lire et à écrire. Elles ne pouvaient pas non plus voter aux élections (quand il y en avait, c'est-à-dire plutôt rarement). Les frustrations accumulées dans le regard des femmes se reflétèrent donc abondamment dans les yeux de Julie et elle crispa les mains sur sa toque, qu'elle délia dans un geste de défi. Mais il n'y eut rien à faire; pour Antoine-Isaac, il n'était pas question que des femmes jouent au poker.

On maîtrisa de mieux en mieux les diverses formes de regroupement des cartes: 1) la plus forte carte, 2) la paire, 3) la double paire, 4) le brelan (trois cartes de la même force), 5) la quinte de cinq cartes qui se suivent mais sont de diverses couleurs, 6) cinq cartes de la même couleur, 7) le doublé et triplé ou la *full*, 8) le carré (quatre cartes de même valeur, par exemple quatre huit), enfin 9) la quinte dite *flush* où toutes les cartes d'une même couleur se suivent et dont la plus forte est évidemment la quinte royale (du 10 à l'as).

Après que les gens de la maison eurent minimalement maîtrisé les forces des regroupements de cartes, Antoine-Isaac put passer à une deuxième étape, qui n'avait presque rien à voir avec la force des cartes : le bluff. C'était déjà beaucoup plus exigeant. C'est qu'on devait contrôler deux systèmes à la fois : la valeur des cartes et de leur combinaison — c'est ce qu'ils avaient appris dans un premier temps —, mais en plus le comportement de faire semblant d'avoir de bonnes cartes (même si on n'en avait pas tant que ça !) pour faire des gageures en argent.

Ce n'était pas du tout simple à intégrer. Certains, par exemple, excellaient à déceler immédiatement un bon jeu dans leurs mains, mais ils échouaient complètement à dissimuler justement ce beau jeu tellement ils en manifestaient de la joie, si bien qu'aucun autre joueur n'osait miser contre eux, parce qu'il devinait tout de suite que le joueur avait en main un jeu imbattable... Si l'on voulait miser de l'argent, une telle attitude n'était jamais payante, bien évidemment.

Car, avec ce jeu, il fut vite question que ce soit « payant ». Le poker doublé du bluff entraînait facilement les gens à faire des mises. Or, qui dit mises implique un jour ou l'autre mettre de l'argent sur la table. Mais ce n'était pas bien vu en ces temps difficiles pour des familles pas très riches. Et c'était encore moins bien vu par les gens d'Église, pour qui jouer à l'argent était proprement condamnable, de quelque façon que ce soit. Alors, on détournait les interdits d'argent en jouant avec des jetons, des jetons tout simples : des pois à soupe. Chaque joueur se voyait donner une vingtaine de pois à soupe, qu'il se devait de conserver par-devers lui, bien à la vue de tous pour qu'on sache en tout temps quelle était sa capacité de gager.

Malgré les efforts des mâles de la famille, la dissimulation qu'exigeait le bluff au poker ne se laissa pas contrôler facilement. La plupart des gars de la maison ne parvenaient pas à cacher leur joie quand les cartes leur apportaient une superbe combinaison. Leur figure mentait; ils n'avaient aucun succès à bluffer.

En dépit des remarques négatives d'Antoine-Isaac, quelques-unes des femmes décidèrent quand même de s'y mettre et apprirent le jeu, qu'elles avaient suivi autour de la table et qu'elles comprenaient parfois plus vite que leurs maris. Mais elles aussi manifestaient spontanément certains comportements. Par exemple, même si elles avaient maîtrisé très rapidement les regroupements de cartes et le bluff, elles se sentaient vite mal à l'aise au jeu de la dissimulation : elles étaient trop franches, elles ne voulaient pas tricher, dire des menteries.

Damien, lui, manifesta un flair hors de l'ordinaire dans l'art de bluffer, de deviner le bluff des autres et de bien jauger ses propres jeux. Antoine-Isaac entreprit alors de l'initier aux différentes attitudes de gambling, de façon plus serrée et si l'on peut dire plus « scientifique ».

Les autres membres de la famille les regardaient aller d'un œil à la fois admiratif et suspicieux : admiratif, parce qu'ils les sentaient jusqu'à un certain point habiles et imbattables ; suspicieux, parce que c'était là un jeu dangereux, condamné par le curé et qui pouvait donner lieu à des écarts de conduite nettement répréhensibles si on se mettait à jouer sérieusement à l'argent. On pouvait se ruiner si vite… ou en ruiner d'autres.

Les soirées se succédèrent dans la bonne humeur… ou occasionnellement dans la hargne et le dépit, quand Antoine-Isaac ou Damien raclaient tous les pois à soupe des autres le temps de le dire !

Jusqu'à ce que, après trois jours, on reçoive la nouvelle que les Anglais et leurs suppôts seraient probablement de retour dans la paroisse dès la semaine suivante. Encore une fois, ce fut un début de panique. Il fallut prendre des décisions expéditives pour cacher les Marchesseau susceptibles de se faire arrêter.

On avait appris à bluffer aux cartes. Il était maintenant temps de bluffer avec les Anglais.

5-26 mars 1838:
LA CABANE À SUCRE

Une solution à court terme apparut tout à coup comme une évidence pour accroître la sauvegarde des gens de la famille poursuivis par les Anglais : la cabane à sucre. Heureusement, après ces quelques jours d'inaction et de bluff, c'était juste le bon moment pour se rendre à la sucrerie, car le temps — plutôt froid jusque-là pour la montée de la sève — allait commencer à se réchauffer bientôt, on le sentait.

Cette cabane était logée loin dans les bois, pas facile à rejoindre ; bien malin qui aurait pu s'y rendre sans être guidé. Il fallait d'abord traverser la rivière Richelieu avant la débâcle. Une fois rendu à Saint-Denis, on devait monter par la route vers Saint-Hyacinthe jusqu'à la première concession, le rang Amyot, tourner à gauche et ensuite parcourir environ un mille et demi, entrer sur la propriété privée de la famille Jalbert (des amis), où l'on avait un droit de passage. Puis, on était bon pour une marche de près d'une heure à une heure et demie, d'abord en longeant la ferme sur toute sa longueur, puis en parcourant successivement deux autres boisés. La sucrerie des Marchesseau se trouvait à être la troisième en ligne, très loin, dans les limites de la paroisse suivante de Saint-Bernard.

Augustin, Damien et le cousin Antoine-Isaac furent donc immédiatement désignés d'office pour faire les sucres cette année-là. On prépara rapidement les chaudières et les chalumeaux (sans oublier les marteaux et les vilebrequins), on entassa des vivres dans un coffre, on attacha les canisses à lait qui serviraient à récolter le beau sirop doré, on attela le cheval roux (le plus doux et le plus travaillant) au double *sleigh* et on accompagna le trio des Marchesseau sur la rivière jusqu'à l'autre rive, sur une glace qui commençait déjà à manifester son manque d'épaisseur et sa souplesse sous le poids des passants.

Augustin et Damien connaissaient les procédures de la cabane, y étant allés à plusieurs reprises. Sitôt arrivés sur les lieux, ils installèrent le cheval à l'abri dans une petite écurie située en appentis de la cabane, où on entassa au fond le foin qui allait le nourrir pendant plus ou moins trois semaines, ainsi que l'avoine. Puis, après avoir allumé le poêle-tortue pour chauffer le haut côté de la cabane (où couchaient les hommes) et chasser l'humidité et les insectes, les deux plus compétents se mirent immédiatement à entailler les érables, le temps doux semblant approcher. Car leur instinct — qui tenait beaucoup au petit doigt levé en l'air pour tester le vent et l'humidité — ne se trompait jamais, semble-t-il.

On fit au-delà de 1 000 entailles, sur un peu plus de 500 arbres, les trous devant être creusés toujours vers le sud-est, le sud et le sud-ouest (car l'eau coulait mieux du côté du soleil). On avait demandé à Antoine-Isaac de préparer les chaudières et les chalumeaux pour fournir les deux autres qui les installaient aux arbres, ce qu'il fit sans trop de problèmes. Les vilebrequins tournèrent toute la journée, laissant le gras des bras d'Augustin et de Damien endolori et sensible le soir venu. On installa ensuite le gros baril en bois sur le *sleigh*. Et on attendit le temps favorable.

Quand on invita Antoine-Isaac à organiser les grands bassins pour chauffer l'eau, et aussi à préparer le bois de chauffage, il montra vite ses limites, ce qui fournit occasion de moquerie. Visiblement, c'était un gars de la ville, il n'était pas tellement habile de ses mains, cet intellectuel de Saint-Hyacinthe et de Montréal parti trop vite de sa famille de forgerons.

Du moins, savait-il bien faire la cuisine, avec le menu restreint par le type de nourriture apporté. Cela variait peu. Mais on pouvait faire bien des entourloupettes en mélangeant parfois le jambon avec des œufs, plus tard le lard avec les patates (coupées en tranches et rôties sur le rond du poêle, miam miam!), les fèves au lard avec un peu de jambon, les œufs avec les fèves au lard, etc., en tournant ainsi de nouvelles présentations avec les mêmes ingrédients. Heureusement, on s'était prémuni de plusieurs grosses miches de bon pain maison, utiles en tout temps, faciles à conserver dans le froid alors qu'on les suspendait aux branches élevées des arbres dans des sacs bien fermés qui pendaient au bout de leurs cordes. Et on pouvait s'accorder un semblant de dessert en fin de repas : soit des crêpes, soit des galettes de sarrasin, arrosées d'un peu de mélasse.

De la mélasse seulement, car il n'était pas question de dépenser le sirop nouveau. D'une part, on en gardait le plus possible, pour fournir la grande famille et pour tirer quelque profit du surplus au marché de Sorel. Et d'autre part, on était en plein carême et les consignes des femmes étaient claires : c'était le temps de faire pénitence et on devait se sacrifier, se priver de tout sucré d'érable. Seul celui qui testait le sirop, soit Augustin, avait le droit — le privilège et l'avantage — de goûter le résultat de la cuisson de la sève pour en juger.

Un réchauffement ne tarda pas à se pointer le bout du nez. Le surlendemain de leur arrivée, tout au long de la journée, les érables coulaient à pleines chaudières. Il fallut marcher sans arrêt en tous sens dans la sucrerie pour vider l'une après l'autre les chaudières débordantes dans le baril de bois tiré par le cheval (pour lequel on avait tracé le chemin en tapant la neige). Puis, à plusieurs reprises, vider ensuite le baril dans les grands bassins. On travailla dru ainsi pendant deux jours, pour récupérer l'eau d'érable et ensuite la faire bouillir juste à point. C'était un ouvrage exigeant, car on avait besoin de trente gallons de sève chauffée pour produire un gallon de sirop.

Dans un premier bassin, on faisait bouillir la sève le plus fort possible, pour que l'eau s'évapore rapidement par une trappe dans le plafond de la cabane, laissant le résidu plus sucré, le «réduit». On lançait alors du blanc d'œuf dedans en vue de ramasser les dépôts accumulés.

On transférait alors ce «réduit» (après l'avoir filtré dans une épaisse flanelle bien propre) vers un second bassin, destiné celui-là à amener le bouillon à se délester une fois de plus de son eau superflue de façon à ne conserver que la bonne dose entre l'eau et le sucré, pour en tirer un merveilleux liquide.

Le deuxième temps se révélait de loin la procédure la plus délicate. Il fallait demeurer sans cesse très attentif aux évolutions du thermomètre, ne pas dépasser de plus de cinq dixièmes de degré le 226,2 degrés Fahrenheit* (226,2° pour un sirop plus mince, jusqu'à 226,7° pour un sirop plus dense), sinon on pouvait tout gâcher. Trop chauffer amenait immédiatement le sirop vers la tire d'érable ou le sucre d'érable en bloc.

Une fois atteint le degré voulu, on faisait le test ultime : on lançait quelques gouttes de sirop dans un bocal transparent d'eau froide. Si le sirop coagulait et formait une petite boule ronde, c'est que c'était le bon temps d'arrêter la cuisson ; on le retirait alors immédiatement du feu. Quand tout se déroulait bien, le résultat était magnifique, un goût superbe sur la langue. Du sucré « naturel », infiniment supérieur aux sucres artificiels en grains achetés au magasin général.

Après deux jours de débordement des érables, tout se calma pendant cinq jours : le froid revint et il neigea légèrement. Antoine-Isaac en profita pour goûter un peu trop souvent au sirop (des tests nécessaires, prétendait-il !), alors que le carême battait son plein. Ses deux compagnons lui lançaient des regards réprobateurs... ce qui suscita une certaine tension et irritation réciproques.

Mais ce qui les fit le plus sursauter, ce fut de voir qu'Antoine-Isaac n'hésitait pas à se promener en

* 107,9 degrés Celsius.

caleçon et même tout nu dans la cabane à sucre, soit pour aller à la toilette, soit au coucher et au lever. Augustin et Damien n'en revenaient tout simplement pas. Ils n'avaient jamais vu ça. Ils se sentaient plutôt gênés, surtout que le médecin prenait ses aises les jambes bien ouvertes, assis sur les bûches de bois qui servaient de sièges. Augustin finit par lui faire une remarque qui se voulait à la fois diplomatique, mais ferme :

«Par icitte, on n'a pas l'habitude de se promener tout nu devant les autres…

— À Montréal, on se couche et on se lève toujours de même, lui répliqua Antoine-Isaac, sans hésitation. Quand on va à la piscine, tout le monde est nu.

— C'est vrai que tu as l'habitude de soigner des malades, enchaîna Damien. Tu en as vu d'autres. Ça te dérange moins que nous autres.»

Tout de même, cela jeta un second froid, plus intense que le sirop, entre le jeune médecin et les deux habitués de la cabane, un froid qui demeura vif jusqu'à la fin, mais qui n'empêcha pas le cousin de continuer son comportement dénudé.

Même qu'il arriva que, vers la fin de ce temps d'arrêt, pressé d'aller vite uriner derrière la mini-écurie du cheval, Damien surprit son cousin en pleine exhibition. Il en ressentit tout un choc, tant dans le ventre que dans ses pensées. Ah! Ces médecins, ils peuvent tout se permettre, en conclut-il. Il n'en glissa aucun mot à Augustin, de peur de le hérisser davantage.

De son côté, quelques instants plus tard, sans plus s'énerver et pour détourner l'intérêt, Antoine-Isaac, de retour à la cabane, sortit de nouveau ses cartes et pratiqua le poker et le bluff. Damien réussissait à lui tenir tête de plus en plus souvent. Antoine-Isaac laissa voir qu'il jouerait dorénavant plutôt sur la défensive, d'autant que son cousin réussit à le battre à quelques reprises, à son plus grand dépit.

Et puis, la fonte des neiges reprit vivement. Les érables recommencèrent à dégouliner des journées et des journées durant. On fut alors extrêmement occupé pendant une dizaine de jours, du matin au soir, et même, à deux reprises, pendant toute la nuit. L'ouvrage pressait.

Pour se reposer, l'un ou l'autre à tour de rôle sortait dehors et s'éloignait pour fuir la chaleur et l'air sec de la cabane, loin du bruit des fourneaux. On pouvait ainsi semer à tout vent les pets des fèves au lard mangées trop vite, et surtout on se remplissait les poumons d'air pur et vibrant, visage face au vent, et on avait plaisir à guetter les premiers bruissements des ruisseaux qui perçaient lentement et inexorablement sous la neige. Les rigoles déjà en place semblaient chanter un hymne au printemps. Quelle renaissance de la vie! Les corneilles faisaient maintenant un vacarme d'enfer. Bientôt arriveraient les hirondelles, et toute la ribambelle d'oiseaux. C'était paradisiaque. Dommage que ça n'allait pas durer tellement longtemps.

L'heureux séjour se déroula en tout pendant près de trois semaines, mémorables. Le sirop remplissait à présent aux trois quarts les deux grandes canisses à lait. Une très bonne récolte. On se préparait déjà pour le retour. Le foin s'amenuisait d'ailleurs dans l'étable du cheval. On commença à ramasser les outils. On nettoya chalumeaux et chaudières une première fois (un curetage en règle aurait lieu plus tard à la maison). Puis, on ferma solidement la porte de la cabane à sucre avec une crampe et on repartit pour Saint-Antoine.

27 mars 1838 :
UN RETOUR BRUTAL

Les trois travailleurs acéricoles revinrent de la cabane à sucre le 27 mars en avant-midi et furent salués avec chaleur par leurs trois maisonnées, vite réunies à la ferme ancestrale et qui se réjouissaient déjà à l'idée de goûter le bon sirop neuf de l'année. (Mais pas avant Pâques, rappela la grand-mère Marguerite avec raideur. Les trois acériculteurs se jetèrent alors un rapide coup d'œil embarrassé!)

Cependant, la fête fut de courte durée, car les trois furent mis au courant de nouvelles plutôt déstabilisantes menaçant leur avenir : l'oncle Isaac, le demi-frère âgé de trente ans, qui résidait ailleurs à Saint-Antoine, avait été mis aux arrêts trois jours plus tôt. La même chose était arrivée à François, un autre demi-frère de la famille, âgé de quarante-sept ans et résidant à Verchères. Tous deux, à titre de forgerons, avaient aidé à couler des armes lors des batailles. Et on venait de recevoir une lettre du village de L'Acadie, dans laquelle on avait appris que le cousin Moïse avait lui aussi été arrêté, le 8 février.

Mais le pire se dévoila alors : Madeleine, la femme d'Augustin, arriva en tenant entre ses mains tremblantes une lettre officielle du gouvernement anglais exigeant que le capitaine Augustin Marchesseau, de Saint-Antoine, comparaisse le 28 mars (le lendemain) devant des mandataires du gouvernement à Saint-Denis pour acte de rébellion.

Tout le monde jeta des hauts cris. Que faire? Augustin se révolta :

« Jamais ils ne me verront aller me mettre à leurs genoux devant eux. Jamais!

— Mais où vas-tu aller te cacher, Augustin? Tu n'es plus jeune; tu as cinquante-neuf ans, lui signala Christophe junior. Personne ne peut t'héberger, tu le sais bien.

— Je m'en fiche, répondit-il avec hargne. Ils n'auront pas ma peau. Je resterai caché dans les environs de ma ferme, dans le boisé arrière. Le beau temps s'en vient. Des voisins m'ont déjà aidé; ils le feront encore. »

Madeleine était au désespoir :

« Nous allons vivre un vrai calvaire.

— Ce ne sera pas mieux si je me livre à eux. Tu as vu ce qu'ils ont fait à Thomas, à Isaac et à François; et même à notre cousin Moïse à L'Acadie. Ils ont maintenant la famille Marchesseau en haïssance. »

C'était décidé, un point c'est tout. Il demanda à Côme d'écrire pour lui une brève lettre (il lisait lui-même assez bien, mais il écrivait à peine) où il déclara solennellement qu'il refusait de suivre l'ordre de se présenter devant les mandataires du gouvernement à Saint-Denis le 28 mars. Il alla ensuite porter la lettre à un passeur du village, qui la transporta jusqu'à Saint-Denis le jour même. Il devenait dorénavant hors-la-loi.

Dire qu'on avait pensé qu'au retour des sucres les choses se seraient quelque peu tassées, que la vie retournerait à son rythme normal! Malheureusement, on prit de nouveau conscience que l'avenir demeurait plus bouché que jamais pour les membres de la famille Marchesseau qui avaient été mêlés à la rébellion de 1837. Qu'allaient-ils devenir? Qu'adviendrait-il d'Antoine-Isaac, et qu'arriverait-il à Damien?

Rien ne se produisit les jours qui suivirent le 27 mars. Comme si un bref retour du temps froid avait encore une fois gelé la terre et les humains.

Puis, la température monta. Les trois familles Marchesseau du rang nord de la rivière Richelieu à Saint-Antoine se visitaient constamment, inquiets de tout mouvement incongru, prêts à intervenir pour sauver la peau de l'un ou de l'autre contre les Anglais.

Au presbytère, le curé et le bedeau restaient sur le qui-vive, avertissant sans cesse les familles de l'arrivée d'étrangers dans les parages. Mais tout semblait calme.

On était encore en plein carême : pas de viande sauf le dimanche, pas de sucreries, pas de tabac, pas de sexe... L'abstinence à tous points de vue.

De la fin des sucres jusqu'à Pâques, le travail à la ferme se réduisait surtout à l'entretien des animaux et à la remise en forme des instruments aratoires en prévision de l'été. Cela, les gens de la maisonnée étaient déjà compétents pour le faire. L'un ou l'autre, plus habile de ses mains, prenait même le temps de se transformer en menuisier ou en ébéniste, réparant ici la rampe d'escalier branlante, retapant là deux ou trois planches pourries de la galerie extérieure, fignolant une chaise... ou même parfois enfonçant habilement des chevilles en bois dans un berceau tout neuf.

Cette année-là, le 30 mars précisément, la rivière Richelieu avait tardivement secoué toute sa glace et sa neige, d'un coup sec, avec un fracas digne de mémoire, une débâcle dont on reparlerait longtemps tellement l'amoncellement des glaces les unes sur les autres avait fait l'effet d'un tremblement de terre qui avait éveillé tous les occupants des fermes du rang vers les cinq heures du matin. L'eau de la maison s'en était immédiatement ressentie, le tuyau de perception branché directement à la rivière amenant dorénavant bien des débris, de telle sorte qu'il fallait tout filtrer à la pompe.

On s'efforçait dans chaque demeure de fendre le bois pour l'hiver prochain. Sciottes dans les mains d'un travailleur et godendards à tirer aller-retour par deux hommes musclés se faisaient aller dans les cours, devant les hangars. La hache s'accompagnait de hans hans répétitifs ; les coins s'enfonçaient dans les nœuds et les faisaient voler en mille éclats.

Les Marchesseau s'entraidèrent sans cesse pour avancer plus vite leur travail. On commença chez Christophe junior, avant de passer chez Vilbon, pour terminer la mise en cordes de bois chez Augustin, au bout du rang.

Tous les hommes étaient de la partie, sauf Antoine-Isaac, le citadin, qui avait peine à tirer une scie ou à diriger correctement une hache plus de cinq minutes. Il se contentait de rester sur la ferme ancestrale en peaufinant ses jeux de poker dans l'attente d'une bonne partie le soir venu avec Damien ou un autre prétendant. D'ailleurs, depuis l'incident de la cabane à sucre, il se sentait un peu mal, plus ou moins à sa place dans cette famille qu'il jugeait trop conservatrice. Et, sans se l'avouer, il détestait aussi se faire battre de plus en plus souvent par son cousin presque aussi bon bluffeur que lui.

2 avril 1838:
L'ARRESTATION

C'est alors, le 2 avril, que le drame survint. Au beau milieu d'un après-midi gris, ce lundi de 1838, un boghei noir arriva tout à coup chez Augustin Marchesseau en provenance du village de Saint-Antoine. Le véhicule était occupé par trois hommes, tout habillés de noir. Quelques instants plus tard, un autre boghei se présenta à toute allure en provenance de la route boueuse qui venait de Saint-Roch. Ça y était; ils étaient là, les agents des Anglais, prêts à arrêter des Marchesseau. Personne ne les avait vus venir, cette fois.

Ce fut la débandade. Pendant que tout un chacun tâchait de s'épivarder un peu partout derrière les bâtiments ou dans la nature, Augustin se retrouva coincé, en même temps que Damien, dans le hangar à côté duquel ils cordaient des rondins. Damien, souple et agile grâce à ses vingt ans (qu'on avait justement fêtés la veille), s'éclipsa promptement vers l'arrière du hangar où il força une vieille fenêtre et, encore mince de taille, il parvint à se glisser par le carreau ouvert, non sans déchirer un peu sa chemise.

Augustin, lui, plus grassouillet, n'eut pas cette chance. Il se terra dans un coin du hangar le plus noir possible. Les agents anglais savaient qui ils recherchaient : lui et personne d'autre. Accompagnés de leurs chiens, ils encerclèrent le hangar, y pénétrant deux par deux, bloquant tous les orifices, se précipitant vers les vieilles fenêtres pleines de fils d'araignées et retenues par les clous rouillés.

Ils n'eurent point de peine à rejoindre leur proie, Augustin, qui à cinquante-neuf ans ne pouvait manifester autant de souplesse que ses poursuivants. Il eut beau les toiser d'un regard méprisant, cela ne les arrêta guère. Ils lui passèrent rapidement les menottes et le firent sortir dehors, dans le printemps maussade, sous l'œil horrifié de sa femme Madeleine et de son fils de quinze ans, Pierre-Georges, qui le regardaient à partir de la galerie de leur maison, de l'autre côté de la rue. Son dernier regard fut pour eux deux. Puis, il fut rudement poussé dans l'un des véhicules.

Entre-temps, les autres Marchesseau s'étaient rapprochés avec prudence. Vilbon ne tolérait pas de voir ainsi son frère embarqué prestement. Il se pointa plus près, non sans crainte, et voulut s'adresser aux espions des Anglais qui étaient eux aussi sur le point de monter dans leur voiture. Mal lui en prit : il reconnut tout à coup les deux mêmes personnages qui s'étaient présentés chez lui lors de la précédente fouille quelques jours plus tôt. Ils le virent et le dévisagèrent avec un rictus vainqueur, et le plus petit des deux le salua d'une remarque narquoise :

« Salut, le père ! On vous avait dit qu'on reviendrait un jour ou l'autre et qu'on vous prendrait les culottes baissées. Ça ne fait que commencer. On reviendra bientôt vous voir vous aussi, le père. »

Et ses babines retroussées montrant ses dents blanches en disaient long sur les inimitiés déjà accumulées entre les deux hommes.

Les portières des voitures se refermèrent sec. Le fouet claqua sur le dos des deux chevaux, qui entraînèrent leurs cabriolets à toute vitesse sur le chemin cahoteux. La famille vit s'éloigner les deux véhicules vers le village de Saint-Antoine, en route sans doute vers le chemin de la Pomme d'Or et ensuite vers Montréal.

Une fois la stupeur passée, on chercha Damien partout, sans le voir. Avait-il fui loin dans les champs ? S'était-il terré quelque part dans la grange ?

On l'appela. Il répondit enfin, sa voix chevrotante venant du ciel, de la toiture du hangar. Tous poussèrent un profond soupir. Il raconta qu'il s'était hissé à force de bras et de jambes sur la toiture de l'appentis, et que de là il avait sauté rapidement sur le toit plat de l'édifice, rampant à plat ventre, le cœur battant, l'oreille tendue, l'œil sensible à tout mouvement suspect. Il était resté là, hébété, tout ouïe, les nerfs à fleur de peau, la respiration haletante, la culotte mouillée.

On entoura alors Madeleine et son fils de toute l'attention et la compassion possibles. On s'empressa de terminer l'ouvrage de la coupe du bois et d'entasser les morceaux avec précision à l'abri dans le hangar. Tous les Marchesseau présents l'assurèrent de leur soutien tant qu'elle en aurait besoin, aussi longtemps que son mari serait retenu.

Mais ce fut un dur coup pour toute la famille. Nul ne savait ce qu'il allait advenir d'Augustin, ni comment se renseigner à son sujet.

De retour à la maison ancestrale, Vilbon se tourna alors vers Antoine-Isaac pour lui demander subtilement de retourner en ville, soi-disant pour s'enquérir du sort d'Augustin, de son propre père à lui, Isaac, ainsi que des autres membres de la grande famille déjà arrêtés : François, Moïse et évidemment Siméon, déjà en taule depuis quelque temps. Il accepta volontiers, d'autant qu'il était lui-même fort inquiet d'en savoir plus au sujet de son père.

Damien, quant à lui, se retrouvait confondu. Il avait connu de près la peur, à en faire pipi dans sa culotte après qu'il se soit jeté de tout son long sur le toit du hangar. Il eut beau prétendre qu'il traînait de l'eau de pluie sur la toiture… Les nuits suivantes, il se mit à faire des cauchemars, se sentant poursuivi par des espions anglais, donnant des coups de pied et des uppercuts à son voisin de lit, Côme, qui s'en sortit avec quelques ecchymoses... et bien des interrogations sur la santé psychique de son frère. Chez Christophe junior, plus personne ne se coucha le soir sans se demander ce qu'il arriverait le lendemain. Julie, la mère, se montrait particulièrement inquiète, car Damien demeurait un peu son chouchou (sans qu'elle osât se l'avouer à elle-même). À partir de ce jour, la vie se trouva chamboulée. La maison de Julie et de Christophe junior refléta un état permanent de tension : entre les parents et les enfants, et entre les époux eux-mêmes.

Aussi, Damien se sauvait-il souvent de cette atmosphère lourde en se rendant chez son oncle Vilbon. Il lui faisait confiance et lui posait toutes sortes de questions : sur les perspectives d'avenir, sur les notions à maîtriser pour réussir dans la vie, sur les valeurs dont il avait parlé au jour de l'An. Il devint un habitué de la maison ancestrale, où il se sentait maintenant plus à l'aise que chez lui.

15 avril 1838 :
L'EAU DE PÂQUES

L'odeur caractéristique de la terre délivrée de son carcan de neige et de glace flottait dans l'air et revigorait humains et bêtes. Ça sentait le mouillé, en même temps que le sol âcre. Une humidité entre deux températures imprégnait l'atmosphère, tout cela remué par un faible vent, mais qui donnait encore le frisson à celles qui osaient aller sans manteau accrocher le linge, fraîchement lavé et passé au tordeur à bras, à la corde à linge tendue entre deux poulies, surtout si c'était en plein noroît. « En avril, ne te découvre pas d'un fil...»

Les chiens retrouvaient enfin le plaisir de gambader plus librement un peu partout sur le terrain. Les chats guettaient les premières souris qui osaient se pointer le nez dehors et dont la viande fraîche remplaçait avantageusement le goût fade des mulots. Les chevaux hennissaient souvent dans l'écurie, dans l'attente de retrouver un peu de liberté entre quatre clôtures. Les vaches meuglaient plus que de coutume, tout en continuant à mâchonner bêtement leur foin devenu trop sec, jusqu'à ce que l'herbe verte et neuve lève dans le pré et provoque leurs premières selles molles. Les veaux trépignaient d'impatience, sans savoir pourquoi, car ils n'avaient jamais eu encore la chance de courir comme des fous dans le pré la queue en l'air. Les volailles, suivant les cycles du soleil, se levaient plus tôt et se couchaient plus tard, lançant leurs cocoricos et leur caquetage à toute volée de façon à réveiller la maisonnée. Les porcs, quant à eux, demeuraient indifférents à tout, comme à l'accoutumée, le nez dans la fange. Ce printemps de 1838, Pâques tombait à la mi-avril, précisément le dimanche 15. Peu de jours avant la fête, le temps devint particulièrement superbe, le ciel bleu. Cela faisait du bien, après le dur hiver... sans parler du pénible automne chargé de souvenirs plutôt obsédants.

Le cousin Antoine-Isaac, obéissant à la demande de la grande famille et inquiet pour son père, avait résolu, après l'arrestation d'Augustin, de prendre sa chance et d'aller voir en ville s'il s'était fait oublier quelque peu. Il quitta rapidement Saint-Antoine, en faisant un détour pour retrouver sa mère quelques heures à Saint-Hyacinthe, avant de rejoindre plus tard ses amis de Montréal. Il promit d'envoyer des messages aussitôt les nouvelles connues.

Le 15 au matin, comme à toutes les Pâques, le grand-père Vilbon, accompagné de quelques-uns de ses enfants et petits-enfants moins frileux, ainsi que de Côme et Damien (dont le père se sentait trop fatigué pour se lever de très bonne heure) s'extirpa du lit très tôt — avant le lever du soleil, c'était important! — pour aller vers le ruisseau en arrière de la maison mettre en bouteilles l'eau de Pâques, aux vertus imprécises mais surnaturelles, de l'avis de tous.

Comme à toutes les Pâques, les frères et sœurs, beaux-frères et belles-sœurs, cousins et cousines, enfants et petits-enfants se retrouvèrent invités à la table dans la maison ancestrale (ancestrale, même si nouvellement reconstruite) pour le repas du midi. Ce fut une fête digne du retour des beaux jours. À la fin, on arrosa le pouding chômeur de tellement de sirop d'érable de l'année que les convives en avaient presque le haut-le-cœur. Un peu plus tard dans l'après-midi, on servirait les «toques» de tire d'érable, étendues sur la neige qu'on avait eu la précaution de préserver grâce aux gros blocs de glace cachés à côté de la grange près de la rivière, sous les arbres.

15 avril 1838 :
LA PASSATION DES POUVOIRS

Quand les plus jeunes se furent éparpillés dans la nature pour jouer tout leur soûl, on se retrouva entre adultes. C'était le moment qu'attendaient le grand-père Vilbon, ainsi que son fils Cléophas. Car ils avaient bien planifié leur affaire en vue de discuter de choses extrêmement importantes pour l'avenir de la famille. L'heure était venue d'ouvrir la boîte de Pandore. On laissa la vaisselle de côté pour un temps et tous et toutes vinrent se rasseoir à la longue table dressée dans la cuisine et la salle de séjour.

Après s'être levé dignement et avoir réclamé le silence, Vilbon se racla la gorge et entreprit de dire ce qui lui tracassait l'esprit depuis quelque temps.

«Je profite de l'occasion que vous soyez tous là, commença-t-il, pour vous annoncer une nouvelle d'importance. Comme c'est la coutume, il vient un temps où l'âge force les plus vieux à se retirer et à confier leur ferme à un successeur, tout en lui assurant leur collaboration. (On entendit des protestations.) Le temps est arrivé pour moi et pour ma "vieille" de prévoir notre avenir. Et, comme c'est la coutume, j'ai désigné mon garçon le plus vieux, Cléophas, pour prendre ma succession ici.»

Tout le monde en resta surpris. Il voulait déjà se retirer? On savait depuis longtemps que cet instant viendrait un jour et que la ferme reviendrait à Cléophas, mais on avait peine à imaginer que cette journée-là était arrivée.

Et Vilbon de continuer…

«C'est donc à Cléophas que reviennent la terre et la maison d'ici, comme vous le savez. C'est lui qui sera le nouveau maître de maison, lui le chef. Mais j'ai pris mes précautions, ajouta-t-il dans un sourire qui laissa paraître des dents jaunies par le tabac. La semaine prochaine, nous passerons lui et moi chez le notaire de Saint-Denis pour définir les termes d'une entente par laquelle Cléophas s'engage à nous recueillir, Marguerite et moi, aussi longtemps que nous vivrons. Dans le contrat, il sera stipulé que Marguerite pourra continuer à s'occuper des enfants, à entretenir son jardin, à travailler dans un coin de la salle de séjour, qu'elle pourra aider parfois à la cuisine, filer et tisser et raccommoder les vêtements… Quant à moi, je me suis gardé le droit d'avoir ma petite jument à la grange, nourrie aux frais de Cléophas, avec l'accès à mon boghei d'été et à ma carriole d'hiver; ma chaise berçante, ma pipe, mon horloge grand-père (qui vient de mon défunt père); et un coin de la grande salle de séjour où nous pourrons passer notre journée, ma "vieille" et moi, si nous le désirons. Nous allons quitter la chambre des maîtres et la laisser à mon garçon et à ma bru, qui se sont mariés au mois de janvier de l'an passé, qui ont déjà leur premier enfant et qui en attendent un autre ; nous prendrons la petite chambre d'à côté, au bout du salon. Voilà. Je vous ai mis au courant de nos décisions. Est-ce qu'il y a quelqu'un qui s'oppose à ces décisions ? »

Personne dans la grande cuisine n'osa souffler un traître mot. On restait estomaqué que ça arrive si vite. Après tout, il était encore pas mal pimpant pour ses cinquante-quatre ans, le père Vilbon. La preuve, que tout un chacun connaissait par-devers soi, c'est que Vilbon et Marguerite attendaient encore un enfant, dont l'arrivée était prévue pour dans environ une semaine, eh oui !

Des jeunes qui entraient en trombe furent rabroués et renvoyés dehors. Le silence régnait. Il s'agissait presque d'un moment solennel, qui commandait le respect.

« Il va sans dire que nous pourrons chacun de notre côté, ma "vieille" et moi, continuer de rendre service un peu partout, à la grange, dans les champs, au jardin, à la cuisine, aux autres membres de la famille. Peut-être est-ce qu'on pourra vous fournir un petit conseil de temps en temps. Mais on sait bien, les enfants ont tous tendance à se passer des conseils de leurs parents, qu'ils croient trop vieux pour comprendre le temps actuel. En tout cas, nous allons essayer, Marguerite et moi, de ne pas trop vous achaler avec nos ritournelles de "dans notre temps"…»

Marguerite fit un grand signe de tête et agita la main, une façon simple de signifier son accord sans avoir à verser de larmes. Elle était plutôt émotive, surtout qu'elle attendait d'une journée à l'autre son nouveau poupon.

15 avril 1838:
L'AVENIR BOUCHÉ

Des hommes et femmes allaient se lever de table, histoire de digérer ce «dessert» imprévu en allant marcher quelques pas, mais Vilbon les rappela vers leurs sièges.

«Revenez vous asseoir! Ce n'est pas tout. Tant qu'à être tout le monde ensemble, il va devenir important que nous discutions d'un autre sujet brûlant. J'ai pensé qu'on pourrait le faire tout de suite. Mais là, je laisse la parole à Cléophas.»

Celui-ci sursauta. Son nouveau rôle commençait plus vite qu'il ne l'eût espéré. À son tour, il se racla la gorge, où traînaient sans cesse les relents des fumées de tabac à pipe, comme chez son père. Il jugea opportun de se lever et il attaqua ferme et direct.

«Le père et moi, on a discuté longuement, comme vous pouvez bien penser, pour le transfert de la ferme. Ça s'est fait selon la coutume. Ma sœur la plus vieille, Édesse, est déjà entrée chez les sœurs de la Providence; Josephte, qui me suit de près, nous a annoncé dernièrement qu'elle veut se diriger vers les sœurs de l'Hôtel-Dieu; et on a appris récemment que même Hedwidge désire demeurer religieuse, chez les sœurs de la Congrégation de Notre-Dame; c'est bien admirable. De toute façon, les terres ne reviennent pas aux femmes. Comme je suis le plus âgé des garçons, plus vieux que Joseph et Romuald, c'est donc à moi que le bien revient normalement, à condition que je l'accepte. On va régler tout ça cette semaine.

« Mais l'affaire est plus compliquée. Dans nos discussions, poursuivit Cléophas, on s'est heurtés à une autre question pas très facile à solutionner. Comment dire ça? Si je reçois la ferme et qu'en échange je m'engage à offrir le gîte et la nourriture à mes parents, c'est bien clair que je ne pourrai pas, moi et ma femme, réussir à placer tous mes autres frères sur d'autres terres dans le bout. Les femmes, ce n'est pas pareil, elles se marient avec un autre cultivateur pourvu qu'elles apportent leur dot et leur trousseau de mariage. Les hommes, c'est plus embêtant. Normalement, mon père et moi, on devrait essayer de trouver d'autres terres à acheter pour installer mes frères, et ensuite mes garçons à moi et à ma femme. C'est la même chose pour mon oncle Augustin, et surtout pour mon oncle Christophe junior, qui a déjà plusieurs enfants en âge de se trouver un lieu de résidence. Mais tout le monde le sait; il n'y a plus de terres disponibles dans le bout ici. Qu'est-ce que nous allons faire? Et même s'il y en avait de disponibles, si on voulait en acheter, on n'aurait probablement pas assez d'argent pour ça, vous le savez, surtout depuis que les Anglais ont mis la main sur tout le commerce. Ça va être encore pire après la rébellion de l'automne dernier. Alors, je ne sais plus quoi faire face à cette situation. Mon père non plus...»

Cléophas se rassit. Il suait à grosses gouttes. D'autres enfants vinrent demander si la tire d'érable s'en venait; ils furent vite rabroués et comprirent qu'il valait mieux pour eux se tenir loin de la salle à manger.

Tous et toutes restaient songeurs. On ne pouvait pas se raconter d'histoires: chaque ferme était assez grande pour nourrir une seule famille, plus peut-être les grands-parents. Il faudrait bien un jour que les autres enfants plus jeunes de Vilbon et Marguerite fassent leur chemin dans la vie et se débrouillent; de même pour ceux de Christophe Junior et de Julie, ainsi que ceux qui restaient encore chez Augustin et Madeleine. Ce qu'on venait de dire, somme toute, c'est que ni le grand-père Vilbon, ni les autres frères ou demi-frères n'avaient assez de moyens financiers pour lancer tous ces jeunes dans la vie. Alors, qu'est-ce qui les attendrait? Où seraient les débouchés? Surtout avec la mainmise des Anglais...

«Comme vous avez pu le constater, reprit Vilbon sans fausse pudeur, notre vie à Marguerite et à moi n'est pas finie, point s'en faut. Marguerite attend encore un enfant pour d'ici une semaine plus ou moins. C'est sûr, vous allez penser que, le grand-père, il est pas mal galant avec sa femme! C'est normal. Vous n'avez qu'à vous rappeler mon défunt père Christophe, mort en 1814 et qui s'est marié trois fois. La première fois, il a épousé Françoise Guertin, avec laquelle il a eu plusieurs enfants, dont quatre vivants. La seconde fois, avec Thérèse Larue, ma mère, qui lui a donné six enfants vivants. La troisième fois, avec Marie-Anne Garant, et ils eurent cinq enfants vivants, dont un est devenu prêtre. C'est quand même pas si mal pour un homme qui a connu la misère à Québec pendant trente ans avant de déménager à Saint-Antoine. Il avait la force d'un cheval. C'était un vrai défricheur.

«Moi, j'ai déjà pas mal d'enfants, dont quelques-uns sont autour de moi en ce moment. Certains sont plus vieux, d'autres plus jeunes. Le plus vieux, c'est Cléophas. C'est à lui que revient la terre. Mais on est trop nombreux dans nos maisons.

«J'en parlais l'autre jour à Christophe junior, marié à la belle Julie; ils ont sept enfants vivants dont quatre garçons qui sont déjà dans la vingtaine, ou presque. Hein, Christophe, tu me disais l'autre jour qu'ils seront difficiles à placer: Léopold, Antoine-Georges, Côme et Damien. Vos deux filles, c'est moins pire, d'autant que la plus jeune veut elle aussi entrer au couvent des religieuses. Et ça, c'est seulement pour la première branche de la famille. Il y a les deux autres.

«Mes frères du deuxième lit, Augustin, Abraham, Joseph, François-Xavier, Thomas ont tous été placés eux aussi par mon père. C'est vrai qu'Augustin, François et Thomas sont aujourd'hui en situation difficile à cause de leur implication dans la bataille de Saint-Denis, et c'est pareil pour Damien, notre neveu.

«Finalement, mon père a agi semblablement pour mes trois autres demi-frères du troisième lit : Clément et Louis-Léon se sont déniché un nid ; quant à Godefroy, lui, il est devenu prêtre, ce qui est loin d'être un mauvais emploi !

«Évidemment, ce n'est pas à moi à dicter la conduite de tout un chacun, ni celle d'Augustin ni celle de Christophe junior. Chaque famille fait face à ses obligations. Mais on s'adonne à être tous ici pour Pâques cette année, en l'absence regrettée d'Augustin, de François et de Thomas. En tant que plus vieux de la ferme ancestrale, je me sens l'obligation d'au moins poser des questions sur l'avenir de notre famille Marchesseau à Saint-Antoine. Finalement, on doit se rendre compte que les places d'avenir se font rares. On s'en est parlé dernièrement, les frères et demi-frères. On se disait cela, justement. Et on s'inquiète à savoir où les plus jeunes devront regarder pour leur futur.

« Voilà ce que je voulais vous dire, en tant que patriarche de la grande famille, même si je ne suis pas le plus vieux. »

Le discours de Vilbon laissa pensifs frères et sœurs, beaux-frères et belles-sœurs et jeunes adultes. C'était en effet une question vitale, surtout après la défaite infligée par les Anglais. On ne connaissait pas vraiment d'autres emplois que le travail agricole… mais il n'y avait plus de fermes disponibles. Pire encore : dorénavant, les Anglais contrôleraient le commerce plus qu'auparavant, y compris les produits agricoles. Où était l'avenir dans un tel contexte, même si on déménageait à Saint-Hyacinthe, comme Isaac ?

Cet avenir dont on parlait, à savoir les enfants, fit alors irruption en masse dans la grande salle et commanda d'avoir au plus tôt de la tire d'érable sur la neige. Ce qui mit fin à la conversation. Mais pas aux états d'âme des participants.

Fin avril 1838 :
PETITES MISÈRES DE LA VIE COMMUNE

Le lendemain, tous les adultes continuaient à se creuser la tête et à se ronger les ongles pour trouver des solutions au problème soulevé. Rien ne semblait facile. Aller travailler en ville? Les enfants de Vilbon, dont Cléophas, savaient à quoi s'en tenir après avoir vu le mépris affiché par les Canadiens vendus, quand les Anglais étaient venus les surprendre. On ne voulait pas risquer de pervertir ainsi ses valeurs en ville, lieu bien connu de tous les dangers et de toutes les perditions pour les mœurs et pour la foi catholique. Ça ne tentait vraiment personne. Mais alors, quoi d'autre?

Admettons, pensaient-ils, que l'un ou l'autre des plus jeunes, les plus solides physiquement, pourrait reprendre le métier de forgeron de l'arrière-grand-père Christophe, continué par ses fils Christophe junior, Abraham, Vilbon, puis par l'autre génération en Cléophas. C'était d'ailleurs l'une des raisons qui faisaient de Cléophas le candidat idéal pour la forge installée sur la ferme, près de la maison, et qui desservait presque tous les habitants du rang quand venait le temps d'installer les fers aux chevaux. Peut-être un jour un fils de Cléophas continuerait-il lui aussi la tradition… Mais l'ouverture d'emploi demeurait bien étroite.

La maison des Marchesseau avait beau avoir été reconstruite à neuf une douzaine d'années plus tôt sur le solage de l'ancienne, restait qu'elle demeurait relativement petite quand il s'agissait d'abriter une progéniture aussi féconde, et du père et du fils : des enfants de tous les âges des deux sexes.

La vie pouvait parfois se compliquer sérieusement. Ainsi, c'était un vrai dilemme que de se laver au moins une ou deux fois par semaine. La seule source d'eau (froide) demeurait la pompe qui donnait dans le lavabo de cuisine. Évidemment, on pouvait faire chauffer l'eau dans le *boiler* à même la rallonge du poêle à bois. Mais le vrai défi demeurait d'agencer les horaires. Les petits enfants tout de suite après le souper. Les garçons à tour de rôle à partir de huit heures les lundis et jeudis ; les filles vers huit heures aussi les mardis et les vendredis ; les parents une fois que les enfants étaient couchés. Encore fallait-il respecter les différences d'âge et de sexe, faire attention aux règles des femmes, etc.

Et le dimanche matin devenait une gageure à vivre, alors que les hommes sortaient à tour de rôle leur grand rasoir pliant et effilé sur la pierre d'émeri ; trop de presse de leur part signifiait une coupure et des cris proches des jurons… juste avant la grand-messe !

Cela pouvait aussi causer des émois fort embarrassants quand un adolescent passait en courant parce qu'il était pressé de se rendre aux bécosses dehors, alors que la porte se logeait juste à côté de l'évier des ablutions... Et il ne fallait pas oublier non plus la présence d'étrangers occasionnels dans la maison, comme le quêteux qui revenait deux fois par année et auquel on consacrait un banc matelassé dans la salle de séjour pour qu'il y dorme une nuit.

Oui, vraiment, la maisonnée exigeait beaucoup de ses habitants. Inconsciemment, tous souhaitaient que les jeunes adultes détalent au plus tôt et se trouvent un nouveau nid pour installer leurs pénates et donner naissance à leur couvée. C'était aussi vrai dans toutes les autres maisonnées.

Chacun et chacune étaient donc retournés chez eux en remâchant ces idées et en se demandant bien comment faire pour ouvrir un certain avenir aux jeunes adultes de la famille qui poussaient déjà sur les anciens pour prendre leur place.

Sans oublier qu'une épée de Damoclès pendait toujours sur la tête de Damien, dont la personne pourrait bien un jour être mise à prix.

Les nouvelles au sujet des prisonniers se firent longtemps attendre. Finalement, Antoine-Isaac envoya une brève missive deux semaines plus tard assurant que tous étaient en vie, pas trop malmenés, et seraient accusés bientôt de rébellion contre les autorités britanniques. De quoi laisser un peu d'espoir, mais aussi bien des cauchemars.

Début mai 1838 :
LES SEMENCES

Le printemps avançant bien vite rappela tous les hommes à leurs labours et les femmes à leurs prières. Un long et pénible travail de charrue attendait les cultivateurs, épreuve pour leurs épaules et leurs bras. Un second effort suivrait pour l'égalisation des mottes du champ, grâce à la herse tirée par les chevaux. En 1838, des sueurs supplémentaires seraient demandées aux hommes de la famille Marchesseau, pour remplacer ceux qui avaient été arrêtés, notamment Augustin.

Chaque année, il fallait d'abord labourer en profondeur à l'automne, pour retourner la terre et faire respirer le sol. Au printemps, il s'avérait de première importance de repasser la herse sur les sols pour aider le lisier animal (répandu pendant l'hiver) à se distribuer également partout. Ensuite, on tâchait de rabattre les champs en belles planches à pentes douces pour que l'eau s'égoutte naturellement vers les rigoles, et de là vers les fossés, puis les ruisseaux. C'est alors seulement qu'on pouvait penser aux semences.

Le dimanche des Rogations, fin avril début mai, revêtait toujours une attirance spéciale, car il touchait à la fibre même du travail rural. Ce jour-là, dans la fraîcheur du printemps, toutes les personnes présentes pour la messe du dimanche partaient en procession en dehors de l'église, dans le parc près de la rivière, encadrées par des bannières et porte-étendards haut portés. Tout au long du parcours, on chantait les litanies des saints, pour prier (c'était d'ailleurs le sens du mot « rogations ») : supplier le ciel d'accorder tout juste assez de pluie et juste assez de soleil pour la meilleure récolte possible. « *Kyrie eleison, Christe eleison*, saint Pierre priez pour nous, saint Paul priez pour nous, saint Jean priez pour nous, saint Antoine de Padoue priez pour nous », etc., chantait la chorale en latin. Et on faisait procession tant et aussi longtemps que toute la litanie — qui durait un bon quart d'heure au moins — n'était pas terminée. On retournait alors à l'église pour la bénédiction des semences. Les hommes sortaient de petites enveloppes de blé, de maïs, d'orge, d'avoine et des graines des légumes les plus courants ; et le curé récitait une oraison spéciale en latin, ce qui devait leur conférer des vertus spéciales pour la prochaine saison.

On repartait alors chez soi avec confiance en la Providence. On était trop occupé et trop besogneux pour penser plus loin. Il fallait d'abord survivre au prochain hiver, et il valait mieux mettre le ciel de son côté. C'est ainsi qu'on confiait le futur succès de l'entreprise à la religion catholique.

On pouvait passer dorénavant à la mise en terre de la semence, du mieux possible, en la lançant à bout de bras et en la répartissant également, puis en assurant pendant un certain temps une surveillance pour que les oiseaux ne viennent pas voler les promesses de récoltes, car parfois les épouvantails ne suffisaient pas. Si la température se montrait clémente, on se réjouissait de terminer ce travail vers la mi-mai. Cette année 1838, les Marchesseau travaillèrent plus longtemps que de coutume aux semences, car il fallut aider les gens d'Augustin à compléter leur ouvrage.

Mai 1838:
LE MOIS DE MARIE

Mai et juin étaient toujours très occupés à Saint-Antoine. Pendant ce temps privilégié, la religion prenait une place centrale dans le déroulement des semaines et des mois, en accord avec les cycles de la nature.

Ainsi, peu après le dimanche des Rogations, commençait le mois de Marie. Ici, les coutumes étaient bien incrustées. Et, comme les Marchesseau étaient très croyants et pratiquants, ils participaient à toutes les cérémonies possibles.

Le curé invitait tout le monde à célébrer la Sainte Vierge et, pour cela, il arrêtait, durant tout le mois, de chanter les Vêpres le dimanche après-midi. Chaque rang se donnait rendez-vous les quatre dimanches de mai chez un particulier. Au rang du Brûlé, par exemple, on se rencontrait à la grande croix de chemin de la famille Dupont, à la croisée de la route de la Pomme d'Or. Sur le rang de l'Acadie, par contre, les gens se retrouvaient au pied du Calvaire, sur la ferme des Handfield.

Dans le rang du bas de la rivière, c'est surtout chez les Girouard ou les Dupré qu'on allait prier, et cela pour deux bonnes raisons: d'abord, leurs maisons étaient situées presque au centre du rang, ce qui faisait l'affaire de tout le monde. Ensuite, ces deux familles possédaient sur leur terrain de petites boîtes en bois ou une petite grotte où l'on conservait une statue de Marie. Cette proximité facilitait la présence des Marchesseau, puisque ces deux maisons se situaient juste au milieu entre chez Vilbon et Christophe junior.

Toutes les femmes et les fillettes arrivaient avec des narcisses et des perce-neige (s'il en restait), des fleurs des champs, des tulipes toutes nouvelles et les disposaient autour du lieu de prière, dehors quand il faisait beau, dans les grandes cuisines quand il mouillait un peu fort. L'ambiance était merveilleuse, car on déposait sur un petit monticule recouvert d'une nappe à grands dessins, à travers les fleurs, plusieurs bougies de différentes couleurs, dont les flammes obéissaient aux caprices du vent. Et on répandait de l'encens pour embaumer les lieux. Une vraie réjouissance pour tous les sens, d'autant qu'on était le plus souvent en pleine nature.

La rencontre durait environ une heure. Au commencement, on chantait un cantique dont les femmes seules savaient les paroles des couplets, mais dont tous connaissaient le refrain par cœur et le reprenaient en chœur : « C'est le mois de Marie, c'est le mois le plus beau ; à la Vierge chérie, chantons un chant nouveau. »

Alors commençait la récitation d'un premier chapelet. Hommes et femmes égrenaient entre leurs doigts rudes ou délicats toutes les formes de grains imaginables, de la pierrerie fine jusqu'au vulgaire montage en bois grossier.

Une femme plus audacieuse ou plus croyante prenait l'initiative de réciter : «Je vous salue, Marie, pleine de grâce, le Seigneur est avec vous. Vous êtes bénie entre toutes les femmes, et Jésus le fruit de vos entrailles est béni.» Et tout le monde répondait d'une voix polyphonique : «Sainte Marie, mère de Dieu, priez pour nous, pécheurs, maintenant et à l'heure de notre mort. Ainsi soit-il.» Cinquante fois, on répétait cette formule, entrecoupée par les «Gloire soit au Père, au Fils et au Saint-Esprit.»

Alors, tout le monde chantait un cantique en latin, dont on ne comprenait goutte, mais qu'on criait presque tellement il était facile à mettre en gorge, en traînant un peu la voix : *Ave, ave, ave Maria, ave, ave, ave Maria.* Au moins, on y retrouvait le nom de Marie; ça devait être bon.

Et commençait le deuxième chapelet, toujours sur les mêmes ritournelles. Et ensuite, un troisième chapelet. C'était ce qui s'appelait prier le rosaire. Vers le milieu du deuxième, les enfants commençaient à s'agiter un peu trop et on permettait qu'ils s'éloignent un tantinet, pourvu qu'ils ne dérangent pas le groupe par leurs cris.

Quand le mois de Marie se pointa, en ce printemps de 1838, Marie-Anne, la bru de Vilbon, eut une inspiration qu'elle osa qualifier de «divine». Elle glissa à l'oreille de sa belle-mère Marguerite qu'on pourrait peut-être avoir une intention de prière spéciale en cette occasion : prier la Sainte Vierge pour qu'elle aide leurs hommes à acheter des terres pour placer les garçons, surtout les quatre de chez Christophe junior, qui tous avaient atteint la vingtaine. La belle-mère trouva l'intention si louable qu'elle en parla à son mari, en l'enjoignant tout de même de ne pas rester les bras croisés et d'essayer — lui et son frère Christophe junior — de visiter quelques fermes pendant que le reste de la famille prierait la Madone.

C'est ainsi que, le premier dimanche après-midi du mois de mai, Vilbon, Christophe junior, accompagnés des deux plus vieux garçons de chez Christophe, Léopold et Antoine (Côme et Damien auraient bien aimé y aller eux aussi, mais il n'y avait pas assez de place dans le boghei), partirent en voiture à cheval, à l'heure même du mois de Marie, pour se rendre à Saint-Roch, car ils avaient appris qu'un fermier voulait vendre. Ce n'était pas très loin de la ferme d'Augustin. Aussi, malgré la route en terre à peine carrossable, se retrouva-t-on vite à l'endroit désiré, presque en face des rapides de la rivière qui faisaient peur aux petites embarcations. La maison paraissait bien conservée. Par contre, plusieurs bâtiments penchaient presque assez pour mettre un genou à terre. Certains seraient réparables, jugèrent-ils. Mais quand ils parcoururent la ferme en s'éloignant vers le trécarré, quel désappointement les attendait : le sol était si pauvre que ça ne servirait presque à rien de le travailler ; du sable et des roches, des pierres et du sable. Décidément, ça ne valait pas l'énergie de s'éreinter ici. Ils revinrent donc bredouilles de leur première expédition.

Le dimanche suivant, nouvelle célébration du mois de Marie : ils repartirent cette fois vers Contrecœur, alors qu'un résidant du rang du Brûlé avait fait connaître ses intentions de se retirer pour cause de maladie. Une superbe terre, très bien entretenue, avec des bâtisses en parfait ordre. De quoi faire rêver. Malheureusement, le rêve s'effaça vite quand le propriétaire eut mentionné le prix qu'il en demandait : au moins deux fois plus que les ressources financières dont disposaient tous les Marchesseau ensemble. Léopold et Antoine regardaient la ferme avec envie, mais durent se rendre à l'évidence qu'on n'avait pas les moyens de se la payer. Encore une fois, retour à la maison les mains vides.

«On va prier encore plus fort la semaine prochaine, proposa grand-mère Marguerite, en les voyant tout penauds.»

En passant à Contrecœur, par ailleurs, ils avaient appris qu'une belle ferme était aussi en vente à Varennes, dans la concession de la Butte-aux-Renards; on y accédait par le chemin du Petit-Bois. C'était loin. Le troisième dimanche, sous un ciel gris et menaçant, Christophe junior, accompagné cette fois de ses quatre grands garçons, partit de nouveau en faisant trotter leur cheval roux un bon deux heures et demie. Par malheur, ils se virent répondre en arrivant là-bas que la ferme venait tout juste d'être vendue à un homme de la place, qui y installerait justement son garçon.

«Mais si vous passez par Sainte-Théodosie, reprit l'ex-propriétaire de la ferme, arrêtez-y; on nous a dit que quelqu'un de là chercherait des acheteurs.»

Ils revinrent donc par la route de Sainte-Théodosie, toujours sous une pluie fine. Après avoir été aux renseignements, ils trouvèrent la ferme. La maison était mal entretenue, tout y traînait. Les bâtiments tiraient de la patte eux aussi et la terre comme telle avait été manifestement négligée. Ça ne faisait vraiment pas l'affaire. Ils apprirent d'un voisin qu'elle était la propriété de quelqu'un dont le fils se disait artiste-poète, compositeur de musique, qui s'y connaissait manifestement plus dans l'art de la composition et des rimes que dans celui des sillons droits et des légumes. Ils revinrent chez eux tout détrempés... et fort déçus évidemment. La prière n'aurait-elle pas été assez forte, encore une fois ?

Fin mai 1838 :
LA COMMUNION SOLENNELLE

Les voyageurs n'eurent pas la chance de retourner visiter des terres une quatrième fois, car la fin du mois de mai amenait aussi un autre événement religieux capital pour toute la communauté paroissiale : le temps de la communion solennelle. C'était un passage social obligé, car il signifiait pour les jeunes une sorte d'entrée dans l'âge «adulte», vers treize ou quatorze ans. Les enfants n'avaient pas le droit de communier à l'église tant qu'ils n'avaient pas auparavant franchi cette étape, qui commençait par l'obligation de suivre les instructions du curé et de passer des sortes d'examens.

Ces examens n'étaient pas trop difficiles, sauf pour ceux qui n'avaient vraiment pas de talent ou de mémoire. Il fallait d'abord apprendre par cœur son *Notre Père*, son *Je vous salue, Marie* et son *Gloire soit au Père*; bien réussir son signe de croix; puis, savoir formuler son *Benedicite* avant les repas.

Mais par-dessus tout, il importait de se souvenir des dix commandements de Dieu. Ce n'était pas toujours facile, bien qu'ils se présentassent sous forme rythmée.

«Un seul Dieu tu adoreras, et aimeras parfaitement.»

«Dieu en vain tu ne jureras, ni autre chose pareillement.»
«Les dimanches tu garderas, en servant Dieu dévotement.»
«Père et mère tu honoreras, afin de vivre longuement.»
«Homicide point ne seras, de fait ni volontairement.»
«Impudique point ne seras, de corps ni de consentement.»
«Le bien d'autrui tu ne prendras, ni retiendras sciemment.»
«Faux témoignage ne diras, ni mentiras aucunement.»
«L'œuvre de chair ne désireras, qu'en mariage seulement.»
«Biens d'autrui ne désireras, pour les avoir injustement.»

Auxquels il fallait ajouter les sept commandements de l'Église, qui rappelaient aux croyants la pratique des sacrements — fêtes religieuses, messe, confession, devoir de faire ses Pâques chaque année, jeûnes du vendredi, carême —, de même que la nécessité du soutien matériel à la paroisse.

De plus, il importait de réciter sans faute ses neuf «actes»: les actes d'adoration, de foi, d'espérance, d'amour ou de charité, de contrition, de remerciement, d'offrande, d'humilité, et finalement l'acte de demande.

Pour terminer, on apprenait à se confesser en vue de recevoir l'absolution de ses péchés. Il fallait alors retenir par cœur la formule standard de confession: «Bénissez-moi, mon Père, parce que j'ai péché. Il y a (...) temps que je me suis confessé. J'ai reçu l'absolution la dernière fois et j'ai accompli la pénitence imposée. Mon père, je m'accuse de...» De quels péchés se confesser? Des sept péchés «capitaux», évidemment: l'orgueil, l'avarice, l'impureté, l'envie, la gourmandise, la colère et la paresse. En insistant plus particulièrement sur l'impureté!

Quand on savait tout cela par cœur, on pouvait recevoir du curé l'autorisation de faire sa toute première communion lors de l'événement de la «communion solennelle».

La célébration eut lieu comme à l'habitude à la fin de mai de cette année 1838. Il s'agissait toujours d'une cérémonie rehaussée par les vêtements et le décorum exceptionnels. Pour la circonstance, les garçons portaient leur plus bel habit, avec nœud ou cravate au cou, et un brassard coloré à l'avant-bras (brassard qu'on se passait d'une génération à l'autre); après tout, ils devenaient des adultes. Ce fut justement le cas du plus jeune garçon chez Augustin, Pierre-Georges, qui s'en allait sur ses quinze ans. Mais c'était encore plus impressionnant pour les filles: toutes vêtues de robes blanches — comme de petites mariées —, elles complétaient leurs costumes de coiffures en dentelle, de bas et de souliers blancs. Même les familles les plus pauvres ne pouvaient priver leurs rejetons de cet accoutrement extraordinaire. Ce jour-là, la messe durait au moins deux heures, mais personne ne voulait la rater, surtout pas le moment solennel où les enfants — les garçons d'un côté et les filles de l'autre — remontaient les allées de chaque côté de l'église pour se présenter afin de recevoir l'hostie sur la langue pour la première fois.

C'était même plus impressionnant que quand l'évêque venait tous les quatre ans administrer la confirmation, précédé de nombreux prêtres, portant mitre et crosse pastorale, alors qu'un petit servant de messe devait soulever une longue traîne violette quand il se déplaçait à l'entrée et à la sortie de l'église.

La «communion solennelle» resterait gravée dans les mémoires bien longtemps, comme une sorte d'entrée dans le monde des grands et de la religion, avec tout le falbala nécessaire à un grand jour. Ne préfigurait-elle pas l'étape suivante, qui serait le jour du mariage, où l'on retrouverait également tous les rituels semblables qui en garantissaient l'importance et la nécessité, surtout la robe blanche et le bel habit ? C'était à ne pas rater.

Entrer dans le vrai monde des adultes… Damien en rêvait encore et toujours. Une fois de plus, il se sentit interpellé par la cérémonie. Que ferait-il, justement, de sa vie d'adulte? Quel avenir l'attendait? Il avait le goût de s'engager pour des causes, qu'elles soient patriotiques ou religieuses. Mais où? Quand? Comment s'exprimeraient son esprit mystique, sa vocation, son désir d'un grand rôle à jouer dans l'avenir? Il échangea longuement avec Côme à ce propos. Quelques années après sa communion solennelle, un bouillonnement incessant, sourd mais puissant, accaparait sa propre entrée vers sa majorité civique, alors qu'il aurait bientôt vingt et un ans bien sonnés.

Juin 1838:
LA FÊTE-DIEU

Si la communion solennelle arrivait vers la fin de mai, le mois de juin n'était pas en reste au plan religieux. Il apportait aussi à sa façon un temps de célébration qui marquait la communauté.

En début de mois, la pratique religieuse réunissait de nouveau la paroisse autour d'un événement haut en couleur: la Fête-Dieu. Chaque année, une maison du village, à la fois assez éloignée mais pas trop loin de l'église (pour que les plus vieux puissent s'y rendre à pied), était choisie pour qu'y soit préparé un «reposoir».

À la fin de la grand-messe du dimanche, si la température le permettait, toute l'assistance se mettait en procession dans le village et se dirigeait vers la maison désignée. D'abord les enfants de chœur, des garçons; puis, les fillettes en rangs bien ordonnés. Suivaient les grandes filles et les femmes, deux par deux, avec les plus jeunes enfants. En arrière arrivaient les jeunes gars puis les hommes, toujours bien cordés, mais en ordre plus dispersé. Enfin, pour clore la procession, le prêtre s'avançait prudemment, en tenant entre ses mains le lourd ostensoir en or, au centre duquel se logeait la lunule qui renfermait une grande hostie blanche.

Tout au long de la procession, on chantait des cantiques à Jésus-Hostie, en français ou en latin.

Pour éviter toute fausse manœuvre des oiseaux ou une pluie intempestive, le prêtre et l'ostensoir étaient constamment protégés par un large dais blanc à glands dorés, supporté par quatre porteurs tenant un poteau d'appui aux quatre coins.

C'était tout un honneur que d'être choisi comme porteur du dais, près du prêtre et de l'ostensoir. Cette année-là, Léopold et Antoine-Georges, ainsi que Côme et Damien, les quatre grands garçons de Christophe junior et de Julie, furent désignés porteurs, ce qui réjouit fortement la grande famille, puisque jamais la procession ne se rendrait à l'une ou l'autre résidence des Marchesseau, beaucoup trop éloignées de l'église.

Chaque maison où se tenait le reposoir s'enorgueillissait évidemment de se faire la plus belle possible. En cette année 1838, quatre immenses plants de pivoines en pleine floraison blanche et rouge embaumaient chaque côté du trottoir en bois qui menait de la route vers la maison. Des pots de géraniums pendaient accrochés à la galerie de part et d'autre. Des lilas au mauve exquis et unique encadraient le reposoir, tout en dégageant leur parfum si délicat et si apprécié. On avait même pensé à installer provisoirement, sur le trottoir, de superbes tapis de guenilles tissées, dont les teintes chamoirées créaient une ambiance à nulle autre pareille.

Une fois sur place, le curé Cusson déposa délicatement l'ostensoir sur la table aménagée dans le reposoir, récita quelques prières en latin et termina la cérémonie en donnant une bénédiction générale en forme de signe de croix à toute l'assistance avec l'ostensoir doré. Tous s'inclinèrent et se signèrent. C'est à ce moment précis que Damien reçut comme une révélation mystique. Ça y était, sa vocation se précisait : il se sentait tout à coup appelé à jouer un grand rôle dans la dissémination de la foi catholique, comme les martyrs canadiens dont on leur parlait tant à l'église. Il irait, il ne savait encore comment, répandre la vérité de la foi dans les contrées lointaines. S'il le fallait, il tâcherait d'aller aux études, afin de devenir prêtre comme l'un ou l'autre de ses oncles. L'appel était là ; il n'avait qu'à répondre quand le moment serait propice.

Sous son immense chape dorée des grandes circonstances, le curé redescendit les marches avec précaution, l'ostensoir en mains, et reprit le chemin de l'église, précédé par tous les assistants dans le même ordre qu'à l'arrivée, sous le dais porté par les quatre frères, dont un Damien Marchesseau envahi par une ferveur religieuse jamais connue auparavant.

Ce fut à n'en pas douter, comme à chaque année, un temps fort de la vie paroissiale, où l'on pouvait sans fausse pudeur exprimer publiquement sa foi dans la religion catholique sans risquer de faire rire de soi. Ce n'était pas pour rien que cette procession était toujours très populaire.

Cette année-là, les Marchesseau furent bien fiers que quatre des leurs aient eu la chance d'être choisis pour y jouer un rôle important.

L'été à ses débuts ne manqua pas non plus de fêtes religieuses qui rappelaient la conjonction naturelle entre les rythmes de la nature et la foi catholique.

Ainsi en fut-il de la Saint-Jean-Baptiste, le 24 juin, la fête nationale des Canadiens, où l'on avait coutume d'allumer en face de chaque résidence un feu de bois à l'arrivée de la noirceur. En cette année 1838, après la victoire éphémère et les défaites successives des patriotes, l'événement fut plus émouvant que de coutume pour les Marchesseau regroupés autour de leur propre feu sur le bord de la rivière. C'est avec un pincement au cœur qu'ils regardèrent s'élever haut dans le ciel les flammes de plusieurs foyers de bois de l'autre côté du Richelieu, à Saint-Denis, des feux qui rougeoyèrent longtemps dans la nuit, alors qu'on entendait des chants. Ce fut un signe particulièrement éloquent de la volonté tenace des Canadiens de résister aux Anglais, un symbole de leur résilience devant l'adversité, un signe incontestable de leur esprit communautaire et de leur force de caractère.

En juillet, on n'oublierait jamais non plus la fête de la bonne Sainte Anne, le 26 du mois. Même chose pour la fête de l'Assomption de Marie, le 15 août, où les Acadiens de la paroisse célébreraient en grand, notamment en faisant un tintamarre de casseroles.

20 juillet 1838 :
LE LAVAGE

L'été se présenta pour de bon d'un coup sec avec le milieu du mois de juin. Il avait plu passablement au printemps, mais avec l'arrivée du solstice, le ciel ralentit ses élans humides et tout devint vite asséché. Heureusement, le foin avait eu le temps de se pointer le bout du nez, et le sol, ayant engrangé plein d'humidité en mai, aida à rendre le produit jusqu'à maturité, même s'il demeurait un peu court et en retard.

Ce fut un superbe été, chaud jour et nuit, un été de vacances idéales pour les villégiateurs. Un été de misère et de sueurs pour les agriculteurs. On finit la récolte du foin en vailloches au début de juillet, nettement plus tard que de coutume, sous des températures exténuantes. Il ne pleuvait toujours pas. On regardait désespérément les champs de grains qui ne levaient pas, faute d'humidité. Les animaux de ferme rasaient les rares touffes d'herbes qui poussaient çà et là dans les pâturages jaunis. On ne parlait que de température, évidemment.

C'était aussi le désarroi dans le cœur et la tête de Damien, et peu à peu chez son frère Côme aussi, unis comme ils l'étaient. Une vraie tempête se déchaînait en eux, à savoir s'ils devaient risquer de rester dans les environs de Saint-Antoine, ou s'ils devaient plutôt tenter de se trouver un nouveau lieu d'habitation quelque part ailleurs au Canada ou aux États. L'arrestation d'Augustin avait provoqué chez eux un véritable stress. Julie, leur mère, n'était pas sans s'en être aperçue et se montrait inquiète, sans le laisser trop paraître. D'autant qu'elle voyait son fils préféré passer son temps à la ferme de Vilbon plus souvent que chez elle.

Devant l'inclémence du temps, on convainquit le curé d'entreprendre une neuvaine pour demander à Dieu de la pluie. Chaque jour, durant neuf jours consécutifs, les gens se réunissaient dans les rangs chez un particulier et priaient la Sainte Vierge d'intercéder auprès de son Fils Jésus pour que le ciel veuille enfin les entendre et réponde à leurs attentes. Rien n'y fit. De quoi faire douter de la religion catholique.

Le 20 juillet, un vendredi, les deux femmes adultes de la maison de Vilbon, Marguerite et sa bru Marie-Anne, se mirent tôt à l'ouvrage au lavage de la semaine. Quel travail exténuant! Il fallait faire chauffer l'eau dans l'immense bassine en fonte dans le hangar — pour ne pas surchauffer la maison en été en allumant le poêle à bois —, transporter tout le linge sale, disposer des bassines de droite et de gauche et commencer à frotter, et à laver avec le savon du pays, et à rincer, puis à tordre...

Le linge se résumait à peu de choses, il est vrai. Les habits du dimanche ne servaient que quelques heures et — sauf taches imprévues — étaient immédiatement remisés dans les petits garde-robes. C'étaient surtout les chemises de travail, les overalls et les sous-vêtements qui exigeaient plus d'ouvrage. Pourtant, ils n'étaient pas luxueux: souvent taillés dans les poches de sucre ou de grains, les caleçons affichaient des slogans de compagnies, qui sur la fesse droite, qui sur la fesse gauche, quand ce n'était pas dans des endroits encore plus sensibles. Les camisoles étaient faites en laine du pays, recueillie lors de la tonte des moutons, en passant par tous les processus de cardage, de filage, d'ourdissage, de tissage que devait connaître toute bonne maîtresse de maison. Contrairement aux croyances des urbains, la laine protégeait beaucoup mieux que le coton même pendant les chaleurs d'été; mais, disons que ça ne sentait pas toujours la rose à la fin de la semaine. Les chemises et les robes «propres», quant à elles, exigeaient des soins spéciaux, avec souvent de l'empesage et des plis innombrables qui épuisaient les muscles des bras soumis à la pesanteur des fers à repasser chauffés sur le poêle.

Heureusement, en ce qui concernait le lavage comme tel, on avait fait l'acquisition depuis peu d'une machine à laver toute récente: un couvercle ajusté sur un baquet de bois. On mettait le linge à tremper quelques minutes dans le baril, on savonnait, puis grâce à un levier qu'on actionnait à la main, on «brassait» le tout avec énergie. Évidemment, les épaules et le gras de bras en prenaient pour leur rhume, sans parler des ampoules aux mains; mais c'était assez efficace.

Sauf, évidemment, pour les taches rebelles... et pour les couches de bébés. Là, il fallait recourir au bon vieux lavage sur la planche à laver, en frottant et en savonnant sans cesse, quitte à se gercer les doigts presque à coup sûr, et parfois à y laisser quelques petits morceaux de peau tendre.

Ce jour-là, on avait décidé de laver aussi les draps de lit, ce qui amena les deux ouvrières à travailler sans relâche jusqu'à midi.

Après un repas vite expédié, les deux ménagères s'attelèrent à tordre le linge une dernière fois, puis à le suspendre morceau par morceau à la corde à linge qui reliait le coin sud-ouest de la maison au bout du hangar, en plein vent d'ouest (et donc protégé du nord-est en hiver). De leur côté, Vilbon et Cléophas, plus Côme et Damien et deux jeunes garçons, partirent en *wagon* tiré par le cheval jusqu'au bout de la ferme, de l'autre côté de l'«îlet» boisé, en vue d'épierrer un champ en jachère qui en avait bien besoin depuis longtemps.

Le temps était mort, mort, mort. Le ciel demeurait désespérément bleu. Pas un souffle de vent. La gorge se serrait, tellement l'air était à couper au couteau.

20 juillet 1838 :
LA TORNADE

Les deux femmes en étaient à étendre les derniers draps sur la corde à linge quand, tout à coup, Marie-Anne dit à sa belle-mère :

«Regardez donc dans le ciel là-bas, en plein ouest. On dirait un gros point noir. Je n'ai jamais vu ça.

— Moi non plus. On dirait… on dirait une sorte d'orage qui pointe à l'horizon. Surveille le point noir de près, le temps que j'accroche le dernier drap de lit.»

L'attente ne fut pas longue. Le point noir grossit à vive allure, s'élargit rapidement, foncé qu'il était d'une noirceur à faire pâlir de peur même les corbeaux. Les deux femmes s'étaient arrêtées, interloquées, ne sachant comment se comporter. Fallait-il s'empresser de rentrer le linge même humide ? Valait-il mieux attendre encore un peu pour savoir ce qui allait arriver ?

Au bout d'une minute, la décision devint évidente : vite, le linge dans la maison ! On s'empressa de décrocher les draps en premier ; il était temps, un vent très violent se manifestait déjà. Sitôt les draps rassemblés, la grand-mère cria à sa bru de courir fermer au plus tôt toutes les persiennes des fenêtres, et même les fenêtres elles-mêmes tant qu'à faire, et de faire rentrer les enfants.

«Vite, vite; c'est épouvantable, ce qui s'en vient! Moi, je ramasse le reste du linge. Tu viendras m'aider après…»

Les travailleurs au champ, qui s'évertuaient à épierrer la terre, tournaient le dos au point noir. Ils ne le virent qu'à la toute dernière minute. À la course, ils regagnèrent alors immédiatement leur *wagon*, y attelèrent en vitesse le cheval qui paissait tout près, puis ils commandèrent à celui-ci de courir le plus vite possible.

Au début, la route était sèche et cahoteuse. Les deux adultes assis sur le banc en bois avaient peine à tenir en place en se raccrochant aux poignées en métal sur le côté. Les quatre jeunes, assis eux au fond du *wagon*, se retenaient de peine et de misère par les rebords, se faisant secouer le coccyx comme jamais auparavant.

Le vent prit soudain une force démentielle, qui faisait plier jusqu'à terre les arbustes. Ils virent et entendirent des arbres perdre leurs branches avec fracas. Ils aperçurent des oiseaux épouvantés s'éparpiller dans les champs, en quête de refuge.

Ils n'avaient pas parcouru la moitié du chemin qu'ils furent rattrapés par une de ces fortes pluies de biais qui attaquait les figures comme des épingles et trempait les corps en cinq secondes de la tête aux pieds. Le père Vilbon fouettait le cheval, déjà nerveux à cause de tous les éclairs et des coups de tonnerre incessants qui l'entouraient de part et d'autre. C'était comme une fin du monde, une vraie apocalypse plus épeurante même que la crainte de la visite des «vendus».

À la maison, les femmes avaient tout à coup réalisé que leurs hommes étaient au champ. Mon Dieu! Que faire? On n'y voyait déjà plus rien dehors, tellement l'atmosphère était compacte comme la nuit. Qu'est-ce qui leur arrivera? C'était d'autant plus dangereux que les hommes devenaient des antennes idéales pour les éclairs, montés qu'ils étaient sur un *wagon* aux roues cerclées de métal, en plein champ…

Les petits enfants s'étaient regroupés dans la salle de séjour, apeurés. La grand-mère Marguerite fut prise d'une soudaine inspiration. Elle courut dans sa chambre chercher l'eau bénite, s'empara du rameau de Pâques fixé en permanence au-dessus de la porte d'entrée et se mit à asperger d'eau bénite toutes les pièces l'une après l'autre.

«Allume au plus vite la chandelle bénite, Marie-Anne.»

Dans le champ, la *wagon* trébuchait de plus en plus, au fur et à mesure que les pattes du cheval glissaient dans la boue. Ça secouait de toutes parts et de tous côtés. On n'arriverait donc jamais! Les pagées de clôture se succédaient, de plus en plus lentement, car la route était devenue très glissante.

Enfin, après un temps qui parut une éternité, on parvint au petit ruisseau dont on passa le pont en bois sous le fracas d'un coup de tonnerre retentissant à en réveiller les morts. Côme et Damien ouvrirent la clôture de protection. Pendant qu'ils la refermaient, on fit approcher le *wagon* près de la porte de côté de la maison, et le grand-père, son fils et les jeunes se précipitèrent sur la galerie, au grand soulagement des femmes.

Cléophas voulait dételer le cheval et le conduire à la grange.

«Non, non, jamais! cria Vilbon. Ce n'est pas le moment. N'ouvre surtout pas la porte de la grange. Rentre le cheval sous la rallonge du hangar de forge et attache-le là; il sera protégé. Et viens vite te mettre à l'abri. Vite!»

Ouf! Tout le monde était enfin sain et sauf, mais de justesse.

La grand-mère en profita pour monter à l'étage, où elle ne s'était pas aventurée toute seule, par crainte de l'orage qui avait créé une noirceur épeurante. Elle arrosa d'eau bénite les trois chambres. Mais quand elle voulut entrer dans le grenier, elle lança un cri de panique perçant.

Les quatre hommes montèrent à toutes jambes et s'y précipitèrent. Sous les coups de butoir du vent, on sentait que le coin ouest de la maison semblait vouloir se soulever quelque peu. La terreur les empoigna tous. Heureusement, le grand-père eut les réflexes rapides.

«Allez vite chercher des gros clous et un marteau! Pendant ce temps, je trouve les chaînes qui sont ici dans un coin.»

En un rien de temps, ils enfoncèrent d'énormes clous dans les poutres du plafond, qu'ils relièrent à d'autres clous sur les poutres verticales, plus bas. Puis, ils unirent leurs forces pour tendre les chaînes le mieux possible. Le toit sembla continuer à se soulever très légèrement de temps à autre, mais les attaches tinrent bon. Vilbon et Cléophas, aidés de Côme et Damien, restèrent longtemps sur place, les bras accrochés à d'autres poutres en guise de contrepoids, pour surveiller l'évolution de la situation.

Un quart d'heure plus tard, une fois le vent quelque peu apaisé et les torrents d'eau calmés, ils réclamèrent d'urgence des chaudières pour recueillir les gouttes de pluie qui s'étaient insérées un peu partout, sous la force du vent, dans les interstices de la toiture.

Tout le monde redescendit ensuite dans la grande pièce de séjour, épuisé, un peu découragé. «On a prié pour avoir de la pluie, dit la bru. Eh bien, on en a eu plus que prévu!» La grand-mère lui lança un regard chrétien courroucé, parce que sa bru semblait accuser Dieu.

On éteignit la chandelle, on remisa le rameau de Pâques au-dessus de la porte et l'eau bénite dans la chambre.

Damien vit dans cette situation encore une fois une sorte d'appel mystique, de protection divine qui touchait sa famille, et lui plus particulièrement. Cela renforça encore s'il en était besoin son désir d'engagement pour sauver des âmes.

Et on sortit dehors pour constater les dégâts possibles des coups de vent et de la pluie. L'air était merveilleusement pur, débarrassé de toute la poussière accumulée depuis des semaines. Heureusement, on constata peu de problèmes, sauf des débris d'arbres un peu partout, quelques branches cassées, une ou l'autre tuile du toit soulevées. Somme toute, on s'en était assez bien tiré. La maison neuve avait tenu le coup.

Peu après, on se rendit chez Christophe junior : là non plus, pas trop de dégâts, sauf un coin du toit de grange à réparer. On s'inquiéta pour la ferme d'Augustin, où l'on dut constater quelques bris dans les toitures, ainsi que la destruction d'un petit hangar déjà malmené auparavant.

Le dimanche suivant, après la messe, comme l'on peut imaginer, sur le perron de l'église, il ne fut question que de la tornade. Du moins, est-ce ainsi que les gens avaient appelé ce mauvais temps, cet orage ravageur. Le curé avait suggéré au prône que plusieurs paroissiens avaient sans doute trop de péchés sur la conscience ; que c'était peut-être une sorte de châtiment du bon Dieu bien mérité. Plusieurs avaient sursauté, évidemment ; incrédules, d'aucuns restèrent sceptiques devant l'explication.

Après la messe, le bedeau monta sur les trois marches de son petit tabouret en bois sur le perron de l'église.

«Attention, tout le monde! Oyé, oyé! M. le curé Cusson me prie de vous transmettre les plus récentes informations sur les dégâts occasionnés par la tornade de vendredi. D'après ce qu'on en sait, juste dans la paroisse et le village de Saint-Antoine, vingt-trois bâtiments seraient tombés par terre, écrasés par la force du vent. Heureusement, aucune maison. Il me dit de vous demander de vous préparer à rendre service à tous ceux qui ont perdu leurs bâtisses : il va falloir les aider à reconstruire les granges avant la fin de l'automne, si l'on veut sauver les bêtes des grands froids de l'hiver prochain. Le mieux serait sans doute que chaque rang s'organise par lui-même. Si on est capable d'organiser des soirées de plaisir et de danse durant le temps des Fêtes, on devrait être capable de s'entraider quand la misère nous frappe, qu'il a dit, le curé.»

Tout le monde se regarda en hochant la tête pour approuver.

Le rang d'en bas, heureusement, n'avait pas trop souffert. Les bâtiments des Marchesseau, des Bourgeois, des Collette, des Girouard, des Dupré et des Durocher avaient résisté dans l'ensemble. Seul l'emplacement du vieux hangar qui avait croulé par terre chez Augustin fut nettoyé. Pour le reste, il ne s'agissait que de réparer quelques corniches qui avaient été happées par une branche d'arbre et de ramasser et scier quelques arbres arrachés. Après les réparations les plus urgentes, tous iraient porter ensuite main-forte aux autres voisins plus éprouvés.

Le calme était peut-être revenu dans la nature, mais pas dans le cœur et la tête de Damien et de son frère Côme. Le vent impétueux de l'esprit d'aventure allait bientôt s'y engouffrer à pleine force.

Mi-août 1838 :
UN VISITEUR VENU DE LOIN

Le retour de la pluie ramena le foisonnement de la production agricole. Les averses se suivirent avec régularité, ce qui fit lever et grandir les grains à toute vitesse. La mi-août les trouva déjà longs, passablement mûrs, presque prêts pour la récolte. Heureusement, car ça s'annonçait si mal pendant longtemps.

C'est alors que le cousin Antoine-Isaac revint brusquement un dimanche après-midi en boghei, arrivant tout droit de Saint-Hyacinthe. Il apportait des nouvelles fraîches et inattendues.

D'abord, il s'était rendu compte que le danger d'une visite surprise des Anglais existait toujours. Ceux-ci continuaient à emprisonner de droite et de gauche les Canadiens, dans toutes les régions du Bas-Canada. Il avait lui-même failli se faire pincer à Montréal à deux reprises. Il avait appris de source sûre, par ailleurs, que des rébellions semblables à celles fomentées par les patriotes canadiens avaient eu lieu également dans le Haut-Canada, et cette fois-là, c'étaient des Anglais qui les avaient organisées, contre les Anglais, pour les mêmes raisons qui avaient suscité la colère des Canadiens : l'exploitation des nouveaux commerçants anglais arrivés directement de Londres et qui s'étaient fait octroyer tous les droits sur le commerce.

Enfin, il amenait des renseignements récents au sujet des Marchesseau arrêtés. Ils étaient tous retenus en prison à Montréal (sauf Siméon, dont on avait perdu la trace), mais impossibles à rencontrer. D'après des gardiens, ils ne se portaient pas si mal, s'encourageant les uns les autres. Évidemment, Antoine-Isaac, étant lui-même recherché, ne s'était pas aventuré à se rendre à la prison pour voir son père.

Mais surtout, il apprit à la famille quelque chose de vraiment surprenant. Venait de se pointer à Montréal un visiteur étrange provenant de la vallée du Mississipi, aux États-Unis, qui racontait à tout le monde que son papa était originaire de Saint-Antoine. Le visiteur s'appelait Edmond Ménard et présentait son père comme étant un dénommé Pierre Ménard, né dans la paroisse en 1767 et qui avait quitté la vallée du Richelieu alors qu'il n'avait pas encore vingt ans. Le jeune médecin Marchesseau avait eu la chance de rencontrer personnellement Edmond et d'échanger avec lui. En fait, le gars des États était à la recherche de candidats prêts à aller renforcer la communauté canadienne qui était établie pas très loin de là où habitaient ses parents, près de la petite ville de Saint Louis sur le fleuve Mississippi, à la frontière du Missouri et de l'Illinois. D'après ce qu'il en disait, son père semblait être un personnage fort influent dans la région là-bas et était prêt à subvenir quelque temps financièrement aux besoins des Canadiens qui iraient s'installer dans son bout. Au début, cette annonce ne suscita pas tellement d'intérêt, ni dans la maison de Vilbon et Cléophas, ni chez la femme d'Augustin. Elle trouva pourtant meilleur écho chez un des garçons de Christophe junior. Damien mordit tout de suite à l'appât. L'esprit d'aventure l'avait gagné de part en part. Mais personne ne l'encourageait vraiment dans cette voie. En particulier, sa mère Julie, qui piqua une crise de nerfs en entendant ses plans, qu'elle qualifia de lubies. Elle essaya de le détourner de cette utopie ; pensez donc, à vingt ans il n'était même pas majeur !

Prenant note des réticences exprimées par la mère et de l'intérêt manifesté par le fils, le jeune cousin médecin repartit pour Montréal sans s'avouer vaincu.

La semaine suivante, il réapparut à Saint-Antoine, cette fois accompagné du fils de Pierre Ménard lui-même en personne, qu'il avait convaincu de venir recruter des gens dans le patelin d'origine de son père.

Il fut présenté à tous au sortir de la messe paroissiale du dimanche, sur le perron de l'église. Il monta à son tour sur le petit banc en bois à trois marches et fit un bref discours, où il vanta les mérites de la vie aux États, notamment dans la région de Saint Louis, où lui-même commençait un nouveau commerce.

«Nous sommes plusieurs Canayens dans la région, dit-il, et nous faisons aussi de l'agriculture. Mon père se rappelle très bien de la paroisse de Saint-Antoine ; il en a encore parlé l'autre jour avant que je parte pour le Canada. Je suis sûr qu'il serait extrêmement content que des gens d'icitte viennent habiter dans notre région. Comme mon père est une personne importante, il pourrait aider les nouveaux colons à se trouver des terres ou un emploi payant. Je suis sûr que tout le monde en sortirait gagnant. On m'a expliqué qu'icitte on a de la misère à trouver des débouchés pour le travail. Il n'y a plus de terres disponibles. C'est aux États que c'est le plus facile pour ça. Je vous garantis tous les emplois que vous désirez.»

Son discours fit impression. La paroisse en fut virée un peu sens dessus dessous. D'aucuns se plurent à rencontrer et à saluer le fils d'un homme dont ils avaient entendu parler par leurs parents bien des années auparavant. Quelques jeunes y virent une planche de salut. Décidément, le visiteur faisait sensation.

Damien buvait littéralement ses paroles. Il ne cessait d'en discuter avec ses frères plus vieux, qui eux

— les chanceux — avaient atteint l'âge de la majorité, alors que lui n'avait encore que vingt ans : Côme venait tout juste de dépasser les vingt et un ans, Antoine-Georges touchait ses vingt-deux ans et Léopold se vantait de ses vingt-quatre ans. Le cousin Antoine-Isaac résolut d'amener son illustre visiteur, après la messe, directement chez les Marchesseau, à la maison ancestrale. Le clan en entier s'y retrouva spontanément en après-midi. Même la mère du jeune médecin, Marie-Angélique, avertie à l'avance, vint de Saint-Hyacinthe en voiture à cheval pour prendre connaissance de ce qui se tramait et qui l'inquiétait fort, puisque son fils unique y était impliqué.

Edmond Ménard, à la fois humble et instruit, ne se fit pas tirer l'oreille pour expliquer où il vivait, à Saint Louis. Il s'agissait d'une petite ville fort sympathique, bien placée sur le fleuve Mississippi, où les commerces fleurissaient du fait de son site à l'embouchure de plusieurs cours d'eau.

Qu'est-ce que cela a l'air, les États ? demandaient certains. Qu'est-ce qu'on fait là-bas ? Est-ce qu'on peut parler français, insistaient d'autres ? Est-ce qu'on peut pratiquer sa religion catholique ?

Edmond répondait calmement à toutes les questions. Il décrivit une ville où les catholiques avaient justement inauguré récemment une nouvelle cathédrale, sur le modèle des églises canadiennes. Et les gens parlaient français un peu partout, même si l'anglais devenait de plus en plus utile, et qu'il fallait aussi quelquefois s'essayer aux langues amérindiennes.

L'après-midi passa à la vitesse de l'éclair. Vers les seize heures, Antoine-Isaac et sa mère repartirent avec Edmond Ménard en direction de Saint-Hyacinthe. Le lendemain, le jeune médecin devrait le reconduire à Montréal, où il s'embarquerait quelques heures plus tard pour retourner aux États-Unis.

Son passage avait laissé comme un goût d'aventure dans la bouche des gens de Saint-Antoine, et plus particulièrement de quelques-uns des Marchesseau, surtout de Damien, quatrième fils de Christophe junior et de Julie, Damien qui ne pouvait même pas prétendre être officiellement adulte puisqu'il n'avait pas l'âge requis pour disposer seul de sa vie.

Fin août 1838:
L'AFFRONTEMENT FAMILIAL

Chez Vilbon et Cléophas, l'étranger avait fait tout de même bonne impression. Cependant, on conclut tout de suite qu'il n'était pas question pour eux et leurs familles de quitter la région pour se rendre aux États, malgré les belles descriptions de ce pays de Cocagne.

Madeleine, la femme d'Augustin avec qui elle était mariée depuis trente-six ans, avait eu sept enfants vivants. On n'aurait pas imaginé qu'elle les laisse définitivement au Canada pour s'en aller de but en blanc à l'aventure aux États. D'ailleurs, leurs plus jeunes enfants y auraient-ils vraiment un avenir? L'affaire fut vite classée, d'autant qu'elle se préoccupait bien plus de la sortie de prison de son mari.

Il en fut tout autrement chez Christophe junior et Julie. Edmond le visiteur avait séduit non seulement Damien, mais aussi son proche aîné, Côme. Ceux-ci étaient plus éveillés que leurs deux frères plus vieux, ayant eu la chance d'étudier longuement avec leur mère Julie, ainsi qu'avec l'oncle Vilbon, qui avait lui-même été initié au calcul, à la lecture et à l'écriture par ses parents (qui en savaient long).

Aussi, les jeunes hommes commencèrent-ils à lancer la ligne pour voir comment réagiraient leurs parents. Damien, retrouvant l'exaltation qui l'avait saisi lors de la Fête-Dieu, se voyait déjà en héraut de la foi et de la langue française en terre d'Amérique. Côme s'échauffait.

Évidemment, Julie la mère ne voulait rien entendre à ce sujet. Surtout pas deux départs, surtout pas Damien. Les jeunes adultes rêvaient de découvrir le monde, de changer la société, ils voyaient grand. Leur oncle Vilbon avait inoculé en eux une sorte de virus, quand il avait dit, après la victoire éphémère de Saint-Denis, que les Canadiens étaient là pour répandre la foi catholique et la langue française en Amérique du Nord. Justement, on avait là une occasion extraordinaire, une chance qu'on ne pouvait pas refuser, une offre en or d'aller aux États pour réaliser ce plan et aider les Canadiens catholiques déjà présents là.

À force d'en parler entre eux dans la même chambre que leurs frères aînés, ils finirent par attirer l'attention d'Antoine-Georges, tout juste plus vieux qu'eux. Antoine-Georges, comme son aîné Léopold, avait surtout travaillé dans les champs, n'ayant pas trop d'ambition d'apprendre le calcul, ni le français. Il avait été bon seulement aux leçons de religion que donnait le curé Alinotte (le prédécesseur de M. Cusson).

Antoine-Georges se prit au jeu de discuter ferme avec ses jeunes frères, pour les forcer à peaufiner leurs arguments. Il les coinçait en leur montrant, par exemple, que les protestants ne se laisseraient pas convertir si facilement, que ce serait peut-être eux qui vireraient protestants. Ou bien encore qu'ils perdraient leur langue française à la longue. Et encore, qu'ils se trouveraient en face des sauvages, dont ils ignoraient tout.

De tels échanges ne firent qu'attiser le désir de Côme d'aller voir ce qui se passait ailleurs, sans oublier qu'ils rallumaient constamment la flamme chez Damien.

C'est alors qu'ils furent... dénoncés. Par qui? Évidemment, par le plus vieux, Léopold. Celui-ci suivait leurs conversations de loin, sans avoir l'air d'y prêter attention. Mais il veillait au grain.

Face à cette nouvelle désastreuse, la mère Julie éclata pour de bon. Ce fut un orage puissant, avec plein de coups de tonnerre dans la voix et une pluie torrentielle de larmes incontrôlées. Elle en appela d'urgence à son mari.

Christophe junior était tout sauf impétueux (comme l'était, par exemple, son frère Augustin), ou sage (comme son frère Vilbon). Il surnageait toujours entre deux eaux. Face à une femme décidée comme l'était Julie, il faisait souvent pâle figure, se contentant de donner son assentiment à ce qu'elle proposait ; ou bien il demeurait muet. Cette fois-ci, il ne dit mot. Sa femme eut beau le harceler, le provoquer, le tancer, il ne broncha pas. Une sorte de bouderie l'habitait, dont elle ne comprit pas tout de suite la vigueur. Elle s'en repentirait tout à l'heure.

Devant tant de tergiversations, elle décida de recourir au plus sage personnage qu'elle connût, à savoir son beau-frère Vilbon. Prétextant une longue marche pour absorber une telle nouvelle, elle se rendit à la maison ancestrale. Quand elle revint, elle ne dit mot à qui que ce soit. Une tombe. Tout un chacun en resta un peu mal à l'aise.

À la nuit tombée, dans l'intimité de leur chambre commune, Antoine, Côme et Damien tombèrent à bras raccourcis sur Léopold qui les avait vendus en allant révéler leurs discussions. Léopold le prit mal. C'était toujours lui, l'aîné, qui avait ramassé le plus gros des travaux de la ferme. Lui qui s'était dévoué à aider leur père, plutôt apathique. Lui qui avait pris soin de ses frères plus souvent qu'autrement, lorsque ses parents allaient aux champs cueillir des fruits sauvages... Pourquoi lui en voulait-on à lui, tout le temps ? Ne pouvait-il pas vivre en paix ? Ne le laisseraient-ils pas tranquille une bonne fois ? Ils étaient tous sur son dos...

Les trois autres réagirent en riant de lui. Hein ! il travaillait si fort ? Eux le savaient bien qu'il passait son temps à faire des siestes chaque fois qu'il en avait la chance, pendant que les autres s'échinaient à l'ouvrage. Combien de fois ne s'était-il pas sauvé de la maison en prétextant de supposées bonnes raisons, alors qu'il partait en boghei visiter sa petite amie Laurence, une fille sans envergure, et pas belle à part ça ; comment pouvait-il être tombé amoureux d'elle ?

Quand on voulait toucher Léopold au cœur, on lui reprochait ses rapports avec ses petites amies, qu'on s'amusait à noircir à loisir. Il avait déjà vingt-quatre ans et ne s'était pas encore marié ! Il était sorti avec deux filles supposément sans allure... Il demeurerait vieux garçon toute sa vie, tellement il ne savait pas s'y prendre avec les femmes, etc.

Encore une fois, le coup porta. Léopold se tut, s'encabana sur lui-même et se mit à bouder dans son coin et à ronchonner sa revanche.

Les trois autres frères se donnèrent le défi d'essayer de décider leur mère de les laisser partir aux États. Pour cela, ils échafaudèrent un plan. Ils profiteraient d'un moment propice à la ferme ancestrale, chez Vilbon, et tâcheraient alors d'amener la discussion sur les bons côtés d'un départ à trois. Vilbon pourrait les aider à convaincre leurs parents. Julie crierait très fort, c'est sûr, mais que faire contre la volonté des hommes, surtout quand ces hommes sont majeurs... Évidemment, Damien ne l'était pas encore, ça demeurait un os !

Septembre 1838:
DES RÉCOLTES PERTURBÉES

Le maïs était enfin prêt. Déjà s'achevait le mois d'août. Cette année, on récolterait les autres grains en début de septembre, à cause du retard dans la température. Les trois frères, désormais complices, offrirent leurs services à tout un chacun de la famille, montrant leur bonne volonté autant chez Augustin que chez Vilbon et Cléophas, et évidemment chez eux aussi, pour couper la récolte et monter les quintaux.

Une fois les voyages de blé, d'orge ou d'avoine arrivés près des granges, on avait recours au vieux séparateur de grains, qu'on actionnait à force de bras. Les bras plus jeunes, et donc plus en forme, se firent aller d'avant en arrière, à longueur de jour, pour nettoyer les grains. On visita ainsi les trois fermes familiales à tour de rôle. On engrangea à pleines pochetées, se durcissant les épaules à charger les sacs débordants pour les hisser dans les carrés de hangar aux deuxièmes étages.

À partir de la mi-septembre, on passa à la récolte des légumes de jardin (entre autres pour faire des conserves de tomates et du bon ketchup maison), ainsi que des pois à soupe, des choux et du tabac. À la fin d'une de ces journées harassantes de septembre, tous étaient réunis chez Vilbon et se délassaient quelque peu. Les trois frères, se faisant des clins d'œil, jugèrent que c'était le temps de frapper un grand coup. Tout de suite après le repas, ils annoncèrent devant tout le monde leur désir de partir pour les États, rejoindre Edmond Ménard. Tous se figèrent sur leurs sièges.

Il faisait chaud, ce soir-là. On se retrouva vite tous dehors sur la grande galerie (qui faisait les côtés est et sud de la maison) et sur la pelouse, à la noirceur totale, mais sous un ciel merveilleusement étoilé. Damien, Côme et Antoine déclarèrent alors qu'ils avaient choisi de partir tous les trois ensemble pour les États-Unis. Ils en profitèrent pour glisser une petite pointe à leur frère aîné Léopold, à qui ils avaient proposé de les accompagner, mais qui les avait plutôt dénoncés auprès de leurs parents. Évidemment, lui, il ne désirait pas partir, puisqu'il était entiché de la «belle» Laurence, «une fille qui ne savait même pas lire ni écrire...».

Léopold, piqué au vif, trouva alors une parade imprévue de tous : une sorte de vengeance intempestive sur ses trois frères.

«Moi aussi, je suis paré à partir pour les États, laissa-t-il tomber abruptement. Je suis prêt à partir avec vous autres n'importe quand.»

Stupeur générale. Les quatre frères de la même famille!

Comme de bien entendu, Julie la mère éclata comme une bombe longtemps retenue.

«Bon, bien c'est le bout! Ce n'est pas un qui veut partir, pas deux, pas trois, mais asteure c'est quatre. Tous mes enfants veulent s'en aller. Mais qu'est-ce qui leur prend? Ils ne sont pas heureux chez nous? Qu'est-ce qu'on leur a fait? Ils vont tous nous abandonner, nous laisser tout fin seuls. C'est pas creyable... C'est pas creyable!»

La rage la faisait littéralement écumer. Les larmes coulaient en surabondance. Elle se retrouvait presque en convulsions. Marie-Anne s'en approcha délicatement, mais elle fut repoussée avec véhémence.

«Ça fait vingt-cinq ans qu'on est mariés, Christophe et moi. On a eu huit enfants vivants. On s'est désâmés pour les élever et les instruire, faute d'école. Et ils viennent nous cracher en pleine face qu'ils ne veulent plus rester avec nous autres, qu'ils veulent nous laisser tomber comme de vieilles pantoufles. Ça m'enrage!»

Elle était debout près de la galerie, marchant dans l'herbe en donnant de grands coups de pied dans le vide.

«Vilbon, vous le sage, vous m'aviez dit que vous ne pensiez pas qu'ils auraient le goût de partir jamais. Vous vous êtes drôlement trompé, hein, le père?»

Vilbon resta muet comme une carpe, plutôt mal à l'aise, tirant un peu plus fort que de coutume sur sa pipe.

«Christophe, toi, Christophe le junior, fais-toi aller le plumas pour une fois, cria avec moult gestes Julie. Dis quelque chose. On sait bien, tu te tais tout le temps; tu boudes; tu dis rien. Tu es un lâche de ne rien dire asteure. Un lâche. C'est toi le père de ces quatre enfants-là, c'est toi qui as le droit de décision absolu. Alors, fais-toi aller: dis-leur que ça n'a pas d'allure, leur plan, qu'ils ne peuvent pas nous faire cela. Qu'ils ne peuvent pas te laisser tout seul à la ferme, que ça ne se fait pas. Dis, parle, grouilles-toi. Mets tes culottes!

— Je leur donne la permission de partir, les quatre», clama soudainement Christophe junior d'une voix forte, en toisant sa femme droit dans les yeux et en pinçant les lèvres.

Julie en suffoqua du coup, en blêmissant.

«Ils vont mieux se soutenir mutuellement s'ils sont quatre. De toute façon, on a deux jeunes solides qui poussent: Louis a déjà dix ans, Luc a neuf ans. Si les autres de la famille chez Augustin et Vilbon veulent nous soutenir un court laps de temps, on va s'en sortir. Et quatre de nos garçons vont être placés d'un coup sec. Sans compter qu'ils pourront revenir plus tard, plus riches qu'aujourd'hui peut-être. On l'a dit, l'autre jour : il n'y a plus de place pour des terres par icitte, pour placer nos garçons. On a essayé, sans succès. Ben, les voilà placés, sans beaucoup d'efforts. Eux-mêmes se placent tout seuls. Je les laisse aller. D'autant plus que Damien ne sera plus en danger.»

Julie avait perdu non seulement la voix, mais aussi toute contenance. Elle avait eu le malheur de dire quelques minutes plus tôt que ça revenait au père à prendre ses décisions, à mettre ses culottes ; elle s'était elle-même pris les pieds dans le filet, elle s'était piégée. Son mari s'était vengé de ses remarques acidulées, vengé à sa façon à lui. Elle s'enferma dans ses pleurs… et se sauva chez elle en courant.

Octobre 1838 :
LES PRÉPARATIFS

Il était bien difficile pour Julie autant que pour Christophe junior de revenir sur leur parole donnée, surtout que cela s'était produit en public, devant toute la parenté réunie. Christophe était partagé : content d'avoir placé d'un coup ses quatre fils, il doutait quand même de sa décision devant les conséquences de leur départ. Mari et femme ronchonnaient aussi chacun dans leur coin, en se maudissant intérieurement de n'avoir rien vu venir, de n'avoir pas su intervenir de la bonne façon et de ne s'être pas mieux concertés, au-delà de leurs divergences de caractères.

Ils n'étaient pas les seuls à se ronger les ongles. L'aîné, Léopold, regrettait maintenant très fort sa fanfaronnade. Il s'était laissé emporter à mettre au défi ses trois frères, parce qu'ils lui tombaient trop souvent sur les nerfs et s'acharnaient sur lui. Maintenant, il se voyait bien pris au piège qu'il avait lui-même installé : non seulement laisserait-il sa tranquille sécurité et sa nouvelle « blonde » à Saint-Antoine, mais il s'élancerait vers l'inconnu justement en compagnie... de ses trois frères plus ou moins grincheux envers lui.

Comme il n'était plus question de reculer, on se mit donc à compléter les préparatifs du départ. On refit du mieux possible la garde-robe de chacun des quatre ; on leur procura une chemise neuve ; on leur trouva un petit sac de voyage : toutes des dépenses imprévues qui grevaient le budget familial.

Mais quelque chose se révéla encore plus coûteux : on dut trouver pour chacun d'eux un montant d'argent d'au moins vingt-cinq piastres, une petite fortune pour cette famille pas tellement en moyens. On ne pouvait toujours pas les laisser partir les mains vides ! Heureusement, on venait d'engranger les produits de la terre, dont la vente procura un bon montant de base. Puis, Christophe junior emprunta le surplus chez ses parents immédiats : Vilbon et Cléophas évidemment, de même que leur frère Abraham (qui résidait depuis quelque temps à Saint-Ours), et aussi des autres voisins. Une fois tout réuni, on avait atteint l'objectif des cent piastres nécessaires. Ça coûtait cher pour le moment, mais, comme avait dit Christophe junior, une fois partis ailleurs, ces garçons ne coûteraient plus rien à placer.

Le départ fut fixé au début de novembre, presque un an après la bataille de Saint-Denis. Octobre fila évidemment plus vite que chacun ne le désirait. On avait envoyé une lettre au cousin médecin Antoine-Isaac. Il répondit deux semaines plus tard que, lui aussi, se joindrait à eux, son avenir à Montréal étant plutôt compromis à cause des Anglais. Désormais, ils seraient cinq. Ce qui réjouit évidemment beaucoup Damien.

Léopold, lui, eut à faire une pénible démarche : avertir sa Laurence qu'il la quittait pour les États. Ce lui fut une croix indicible, car au fond il l'aimait et avait même intérieurement formé le dessein de la marier un an ou deux plus tard. Mais on manquait de terres à acheter…

Toute la paroisse était dorénavant au courant de la future escapade aux États des quatre frères Marchesseau et de leur cousin et suivait leurs préparatifs avec ferveur. C'est comme si chacun se sentait appelé à partir lui aussi, mais… n'en avait pas le courage et agissait par représentants intermédiaires, par procuration ! On leur confiait comme une sorte de délégation ; les quatre frères devenaient des ambassadeurs des meilleures volontés de tout le monde ; sur leurs épaules, on déposait tous les espoirs fous et tous les rêves utopiques qu'on portait en son cœur sans jamais y donner suite.

Les frères Marchesseau ne voulaient pas partir trop vite à l'automne. Ils désiraient profiter du beau temps, qui se maintint presque continuellement de la fin de septembre jusqu'à la fin d'octobre.

La rivière Richelieu leur parut plus belle que jamais, reflétant au matin le soleil levant qui s'y mirait en millions d'étincelles forçant les yeux à plisser; récupérant sur ses rives un merveilleux repos le soir lorsque les ombres allongées de l'automne étendaient leurs dorures jusqu'à Saint-Denis, encore une fois sous la magie du miroir des eaux calmes.

Ils voulaient emporter à jamais pour leur vie future ces visions d'érables aux feuilles rougies, de peupliers encore verts, de frênes et de bouleaux jaune et or, de hêtres aux troncs gris rayonnants, de trembles frémissants trempant leurs pieds dans les eaux claires de la rivière.

Bien évidemment, ils prenaient leur temps aussi pour profiter, pendant encore un moment, des joies de la famille avant la grande aventure. Ce fut un moment béni, où les enfants et les parents se rapprochèrent plus que jamais, comme s'ils voulaient faire regretter le départ imminent. Une sorte de paix s'était établie dans la maison de Christophe junior et de Julie à l'approche de ce tremblement de terre annoncé.

1er novembre 1838:
LA DERNIÈRE RENCONTRE FAMILIALE

Le jour de la Toussaint, le 1er novembre, devant tous les paroissiens réunis à l'église, le curé Cusson et les pratiquants présents soulignèrent de belle façon le départ des frères Marchesseau prévu pour le surlendemain. On les encouragea à persévérer dans la foi et la langue de leurs ancêtres, à se conduire toujours de la meilleure façon, à bien représenter la paroisse dans ce pays à convertir, les États-Unis. Le curé leur donna une bénédiction solennelle d'envoi dans un latin impressionnant.

La messe fut suivie par un rituel annuel toujours aussi captivant : la vente aux enchères pour les âmes du purgatoire (le lendemain était le Jour des morts). Les paroissiens avaient apporté quelques-uns des plus beaux produits de la terre, tout bien enrubannés, pour les offrir à l'encan afin de rapporter des sous pour la paroisse. Cette année fut mémorable, étant donné le nombre surprenant de produits mis aux enchères, à cause du bel automne qui s'était poursuivi sans relâche : tomates, concombres, radis, laitue, petites fèves, pois verts, pois à soupe, melons, citrouilles, squashes, etc. Les maïs colorés ne manquaient pas d'étinceler de tous leurs feux. Ce fut un des plus beaux tableaux qu'on ait vus dans les dernières années.

Le bedeau faisait office d'encanteur, comme d'habitude.

«Des belles tresses d'ail, des belles tresses d'ail! Combien pour ces belles tresses d'ail? Allez, un prix!» Quelqu'un y allait d'un montant, contesté par un autre, pour le plaisir de donner aux bonnes œuvres.

«Une belle poche de patates nouvelles...

«Du maïs décoratif. Ça en vaut la peine. Regardez-moi ces belles couleurs...

«Des oignons, des échalotes...

«Et maintenant, c'est le temps des betteraves rouges, des betteraves blanches...

«Ah! voici les conserves: des fraises en conserve, miam, des vraies fraises des champs; des framboises, des mûres. Oh! la belle confiture de mûres...»

Et les paroissiens plus en moyens renchérissaient, achetaient en masse. Les produits étaient excellents, à n'en pas douter. Et ils aidaient ainsi leur paroisse à se financer.

Cela ne s'arrêta pas là pour les Marchesseau sur leur départ. La parenté entière se retrouva à la ferme ancestrale, chez Vilbon et Cléophas, dans une dernière fête de famille aux allures à la fois douloureuses et réconfortantes. On s'empiffra, en laissant savoir aux futurs émigrants qu'ils étaient mieux d'en profiter tout de suite, car on ne savait jamais s'ils n'auraient pas faim un jour ou l'autre. C'était drôle, bien sûr ; mais on sentait les cœurs se serrer en même temps. On cria très fort pour demander des discours de la part des partants. Léopold refusa net. Antoine, le second, promit de donner des nouvelles, tout en jetant un coup d'œil à Côme, plus instruit que lui. Celui-ci garantit à tout le monde qu'il ne se gênerait pas pour écrire des lettres de temps en temps, car il aimait bien ça, écrire. Quant à Damien, lui aussi plus instruit que les autres, il osa dire qu'un jour il pourrait peut-être envoyer non seulement des lettres, mais aussi, s'il était chanceux au poker, de l'argent… ce qui fit rire bien du monde ! Entre-temps, il laissait son drapeau déchiré à Vilbon, qui lui avait donné son inspiration de départ, avec comme consigne de bien le préserver des Anglais.

Vilbon, conscient qu'il s'agissait là de circonstances extraordinaires qu'on ne rencontre qu'une fois dans sa vie, se leva, et après s'être raclé une nouvelle fois la gorge imprégnée de tabac à pipe, y alla d'un discours comme lui seul savait les faire.

« Certains ici, surtout les plus jeunes, pensent que vous êtes les premiers à avoir l'esprit d'aventure.

J'aimerais rappeler que bien d'autres l'ont eu avant vous, pour vous encourager naturellement, pas pour vous rabaisser. D'abord, notre ancêtre venu de France, Jean, arrivé à Québec en 1703 ; il en fallait du cran pour traverser la grande mer à l'époque des bateaux de fortune et faire confiance à ce pays nouveau. Je pense aussi à notre grand-tante Geneviève, la première Marchesseau à venir s'établir à Saint-Antoine, où elle a épousé en premières noces Thomas Paradis, celui-là même qui fut le père (en deuxièmes noces) de George-Étienne Cartier, notre valeureux patriote. Puis, notre tante Marie-Geneviève, venue s'installer ici elle aussi en mariant un Durocher ; c'est elle qui donna naissance à notre bon cousin Benjamin, Dieu ait son âme! Mais ce n'est pas tout : les plus vieux se rappelleront de notre grand-oncle Nicolas ; il fut le premier Marchesseau à se rendre jusqu'aux Grands Lacs et à travailler plusieurs années au Wisconsin, où il faisait du commerce et le trafic des fourrures. Il nous a raconté qu'il s'était même acheté une propriété à Michilimackinack, au Michigan. Après un bref séjour par ici, il est même retourné dans les Grands Lacs, peut-être pour vendre sa propriété. Puis, il est revenu vivre avec nous jusqu'à sa mort. C'est pour dire que vous n'êtes pas les premiers à prendre cette direction. Et je ne voudrais pas oublier non plus notre oncle

Jean-Baptiste, qui a eu le cran de quitter Saint-Antoine et d'aller s'acheter une terre à L'Acadie, près de Saint-Jean, dans le Haut-Richelieu ; il semble aux dernières nouvelles qu'ils se soient très bien tirés d'affaire, lui, sa femme et ses enfants.»

Beaucoup des personnes présentes, qui en connaissaient fort peu sur l'histoire de la famille, n'en revenaient pas. C'était donc vrai que d'autres Marchesseau avaient osé l'aventure dans le passé! Cela rendait le départ des quatre frères et du cousin germain un peu plus normal, un peu plus acceptable. Leur mère Julie y trouvait quelque réconfort et un tout petit espoir, surtout en entendant parler de Nicolas qui était rentré plusieurs années plus tard à la maison à Saint-Antoine.

«Ça fait qu'on vous souhaite, à vous quatre et aussi au jeune cousin médecin, de bien trouver votre chemin dans la vie, conclut Vilbon. Votre chemin, au sens de la route à suivre. Votre chemin, aussi, au sens de la direction à donner à vos vies. J'espère que vous rencontrerez de bonnes personnes pour vous accompagner. En tout cas, n'oubliez pas les choses essentielles : ne laissez jamais tomber votre langue française, ni votre foi catholique, ni la charité les uns pour les autres, comme vos parents vous l'ont appris depuis votre jeunesse.»

Tous applaudirent à ces bonnes paroles. L'émotion gagnait les jeunes comme les plus vieux. Ils partaient, ils partaient à quatre, et même à cinq, les Marchesseau de Saint-Antoine, pour la grande aventure dans un tout autre pays inconnu. Que leur arriverait-il? Les reverrait-on jamais?

«Le mieux à faire, résuma la grand-mère Marguerite, qui jusque-là s'était tue (laissant parler son homme), c'est que nous les accompagnions de notre support moral et de nos prières.»

Là-dessus, personne ne rechigna.

2-3 novembre 1838 :
LES ADIEUX

Le lendemain 2 novembre, Jour des morts, tous se rendirent au cimetière par un temps gris et une journée maussade, pour fleurir la tombe des ancêtres dont Vilbon avait évoqué le souvenir la veille. Ce fut nettement plus triste cette fois. Dernière visite à l'église pour les partants, qui gravèrent dans leur esprit les grands tableaux et les beaux arches du temple pour s'en souvenir plus tard. Puis, retour à la maison.

Chez Julie et Christophe junior, ce fut le temps de l'empaquetage définitif des objets peu nombreux dans les petits sacs de transport. Suivit une soirée à la clarté de la lampe suspendue au centre de la cuisine. On parlait peu ; les ombrages se balançaient sur les murs, tels des fantômes participant à des jeux de cache-cache intrigants, agrémentés par des dessins de têtes d'animaux fantasmagoriques produits en ombres chinoises par les doigts habiles des jeunes Louis et Luc. Le temps s'écoula à la fois trop lentement... et trop court.

La nuit fut difficile tant pour les uns que pour les autres. Une nuit presque blanche. L'aube du 3 novembre fatidique se pointa, toute terne. Il fallait être au quai du village vers les neuf heures du matin.

On se lava et s'habilla vite, tout en engouffrant le déjeuner abondant que la mère avait préparé avec plus de cœur que jamais.

Vite, huit heures ; il était temps de partir ! Les Bourgeois les attendaient déjà sur la route, face à la maison. Tous montèrent dans les deux bogheis et les chevaux s'élancèrent sous une pluie frisquette, les quatre partants ayant à peine le temps de jeter un dernier regard ému à la ferme qui s'éloignait derrière eux dans le crachin. La reverraient-ils jamais ? Les Bourgeois les suivaient en voiture.

On arrêta quelques secondes chez Vilbon et Cléophas, qui eux aussi emplirent leurs deux voitures de gens désireux d'accompagner les voyageurs. Tous furent alors rejoints par ceux de la maison d'Augustin. Cela forma en tout un cortège de sept voitures à cheval dans le chemin boueux, où l'on ne pouvait rouler trop vite. Les Colette, les Durocher et les autres cultivateurs le long de la route les saluèrent une dernière fois en secouant leurs mouchoirs à partir de leur galerie de maison.

Quand ils arrivèrent au quai du village, le bateau était déjà amarré et attendait ses passagers. Si on peut appeler cela un bateau ! Ça ressemblait plutôt à une barge plate, assez large, organisée d'abord pour le transport du fret. Son tirant d'eau était faible, aussi pouvait-elle accoster plus facilement aux rives.

Ça y était, le temps des adieux était arrivé. Le capitaine s'impatientait. À tour de rôle, les quatre enfants embrassèrent leur mère, qui les serra très fort à les étouffer. Surtout le jeune Damien. Le père leur donna à chacun une bonne tape sur l'épaule, nettement plus forte qu'à l'habitude, et les autres leur serrèrent la main ou les embrassèrent. Et ils montèrent presque de reculons sur la barge, un sourire larmoyant pendu à la figure, le sac de voyage dans une main, un baluchon de nourriture pour trois jours dans l'autre. On remonta la passerelle, on détacha les câbles, la barge s'éloigna doucement vers le chenal, où on mit en marche les grandes roues à aubes, d'abord lentement, puis un peu plus rapidement.

« Vite, crièrent plusieurs, on peut les suivre dans nos bogheis ! »

En un clin d'œil, tous furent dans les voitures et on fouetta les chevaux pour pouvoir rejoindre le bateau dans sa lente descente vers Sorel. Il ne fut pas difficile à rattraper. On poussa un peu plus les chevaux, pour prendre de l'avance et ne pas se faire distancer. Et on suivit ainsi la rivière Richelieu vers le nord, à la pluie battante, sans faire plus attention à la boue qui revolait de la route sur les voitures et les passagers.

Rendus à la maison ancestrale, personne ne voulut descendre. On poursuivit donc la course dans la glaise et les roulières pour suivre le bateau, qui prenait peu à peu de la vitesse. Évidemment, on passa tout droit chez Christophe junior et chez les Bourgeois. Et on continua à se battre contre le mauvais chemin jusque chez Augustin et Madeleine, à la fin de la paroisse, où l'on arriva en même temps que la barge.

On ne pouvait aller plus loin, le chemin de Saint-Roch devenait impraticable. On se rua alors sur la rive, toute la grande famille au complet et les amis, pour agiter une dernière fois les mains. Quatre mouchoirs à pois, rouges ou bleus, sur le bateau, répondirent aux ultimes salutations familiales.

Et la barge disparut lentement dans la courbe de la rivière, sur la gauche. La pluie tombait toujours aussi dru. Julie et Christophe junior pleuraient sans retenue, en se soutenant par les épaules. Leurs jeunes enfants les entouraient.

La rivière Richelieu, si belle avant-hier, n'apparaissait plus maintenant que grise et terne, et même menaçante, bien loin du parfait miroir aux rêves. Elle soulevait des vagues sans âme, foncées, vides de sens, avec des bouillons blancs à faire peur. L'eau n'avait jamais parue si froide, si profonde, si inhospitalière, si menaçante. Le courant sembla couler plus vite que de coutume, un peu comme la vie. Et il emportait avec lui pour certains bien des espoirs, et pour d'autres bien des tristesses.

À peine quelques semaines plus tard, le 21 décembre 1839, le 18 janvier et le 15 février 1840, dans la prison du Pied du courant à Montréal, les Anglais pendaient douze patriotes. Heureusement, aucun Marchesseau n'était du nombre.

Gatineau, novembre 2010
Cent soixante-douze ans après leur départ, presque jour pour jour.

AVIS AUX LECTEURS

Ce roman «historique» se base dans son ensemble sur des faits réels, rapportés aussi fidèlement que possible. En général, les lieux auxquels il est référé sont vrais. Mais pas tous. La plupart des personnes mentionnées dans ce roman ont réellement existé au XIXe siècle dans la famille Marchesseau de Saint-Antoine (sur la rivière Richelieu). Quatre frères de la même famille, de même que leur cousin médecin, ont vraiment quitté le pays pour la Louisiane.

Cependant, bien évidemment, nous ne savons rien de leurs profils psychologiques, sinon que certains d'entre eux ont pratiqué le *gambling*.

De telle sorte que les comportements des personnages que je présente dans ce roman se révèlent être tout à fait fictifs. Ils ont été développés et articulés à partir de mon imagination.

Ainsi, tout rapprochement avec des personnes réelles — du passé ou du présent — en ce qui a tait à la psychologie des personnages doit être absolument exclu.

SUITES À VENIR

Tome II : Les accommodements forcés

Tome III : Les alligators de La Nouvelle-Orléans

Tome IV : Far West à Los Angeles

AUTRES OUVRAGES DE L'AUTEUR

(2007) *La foi chrétienne et le divertissement médiatique*, Québec, Presses de l'Université Laval, 390 p.

(2005) (Responsable d'édition), *Témoigner de sa foi, dans les médias, aujourd'hui*, Ottawa, Presses de l'Université d'Ottawa, 496 p.

(2002) *Médias et foi chrétienne: deux univers à concilier; divergences et convergences*, Montréal, Fides, 187 p.

(1998) *Médias et foi chrétienne: l'image à l'épreuve de l'idolâtrie*, Ottawa/Montréal, Novalis, 264 p.

(1983) *Le pape chez nous*, Ottawa/Montréal, 160 p. (trad. *The Magnetic Pope*)

ACHEVÉ D'IMPRIMER
EN L'AN DEUX
MILLE
ONZE
SUR LES
PRESSES DES
ATELIERS GUÉRIN
MONTRÉAL (QUÉBEC)